五禽戏教程

刘海莲　代志星　主编

合肥工业大学出版社

图书在版编目(CIP)数据

五禽戏教程/刘海莲,代志星主编 . --合肥:合肥工业大学出版社,
2024.12. --ISBN 978 - 7 - 5650 - 7067 - 9

Ⅰ.G852.9

中国国家版本馆 CIP 数据核字第 20245PE880 号

五禽戏教程

WUQINXI JIAOCHENG

刘海莲　代志星　主编

责任编辑		张择瑞
出版发行		合肥工业大学出版社
地　　址		(230009)合肥市屯溪路 193 号
网　　址		press. hfut. edu. cn
电　　话		理工图书出版中心：0551 - 62903204
		营销与储运管理中心：0551 - 62903198
开　　本		710 毫米×1010 毫米　1/16
印　　张		14
字　　数		214 千字
版　　次		2024 年 12 月第 1 版
印　　次		2024 年 12 月第 1 次印刷
印　　刷		安徽联众印刷有限公司
书　　号		ISBN 978 - 7 - 5650 - 7067 - 9
定　　价		38.00 元

如果有影响阅读的印装质量问题,请与出版社营销与储运管理中心联系调换。

前　　言

　　五禽戏由东汉名医华佗根据古代导引、吐纳之术，研究了虎、鹿、熊、猿、鸟的动作特点和生活习性，并结合人体脏腑、经络和气血的功能所创编的一套具有民族风格的健身养身功法，既可健体强身，又能延年益寿，是治未病的良策，亦是我国民族传统体育百花园中的一枝奇葩，开创了我国体育医疗的先河。2004 年，健身气功五禽戏被国家体育总局作为四种健身气功功法之一面向全国推广。2005 年，安徽省人民政府把华佗五禽戏确定为省级非物质文化遗产。2010 年 8 月，亳州师范高等专科学校（亳州学院前身）被授予"亳州市五禽戏活动基地"。2011 年，华佗五禽戏被列为国家级非物质文化遗产名录。2012 年，亳州市被国家体育总局命名为"中国五禽戏之乡"。2018 年 9 月，国际健身气功联合会批准亳州学院设立"国际健身气功五禽戏研究院"。2024 年 6 月，亳州学院获批"安徽省第二批中华优秀传统文化传承基地——华佗五禽戏"。

　　由国家体育总局专家组 2003 年编创的健身气功五禽戏，每戏分两个动作，分别为：虎举、虎扑；鹿抵、鹿奔；熊运、熊晃；猿提、猿摘；鸟伸、鸟飞，共 10 式。每式动作都是左右对称地各做两次，并配合起势调息、引气归元，整套动作简便易学，易于推广。另外，传统的五禽戏，即华佗五禽戏，发展至现代有 13 式、26 式、54 式、40 式等套路动作，本书只遴选了其中较为简易的华佗五禽戏 13 式，对其他动作较多的功法套路未作描述。

　　为弘扬民族精神，让五禽戏这一宝贵文化遗产发扬光大，让五禽戏习练者能更好地认识五禽戏、了解五禽戏、喜爱五禽戏、经常习练五禽戏，本书作者刘海莲（亳州学院副教授）、代志星（亳州学院教授、亳文化研究中心研究员）结合自己实际教学中的心得体会编写了此书，对健身气功五禽戏和简易华佗五禽戏（13 式）以图文结合的形式进行描述，并辅以动作要点、易犯错误和纠正方法、教学方法。感谢亳州市华佗五禽戏协会、亳州市健身气功协会的大力支持，特别感谢华佗五禽戏 58 代传承人周金钟、陈静老师的大力帮助！本书也是安徽省教育厅高等学校质量工程项目《五禽戏教程》（2023jcjs164）、安徽省教育厅人文社科重点课题"新质生产力赋能安徽体育非遗智慧化发展的实践路径研究"（2024AH052838）、安徽省教育厅"中华优秀传统文化传承基地——华佗五禽戏"阶段性成果。由于时间仓促，水平有限，本书中还有一些不尽如人意之处，欢迎大家批评指正！

刘海莲　代志星

2024 年 10 月

目　　录

第一篇　五禽戏简介

第二篇　健身气功五禽戏

第三篇　华佗五禽戏

第一篇　五禽戏简介

第一章　五禽戏的历史渊源

"五禽戏"是一套具有中华民族传统风格的体育保健养生运动，既能健身，又有很高的娱心功能。相传五禽戏是东汉名医华佗根据古代导引、吐纳方法，研究了虎、鹿、熊、猿、鸟等动物的生活习性和动作特点，并结合人体脏腑、经络和气血运行理论，在整理前人研究基础之上所编创的一套具有中华民族传统风格的健身养生方法。

根据《三国志·华佗传》的记载："人体欲得劳动，但不当使极尔。动摇则谷气得消，血脉流通，病不得生，譬犹户枢不朽是也。"五禽戏也是一种导引养生的方法，经常练习，可以祛病强身，舒筋活骨。通过运动锻炼还可以使饮食中的养分被人体充分消化和吸收，使身体中的气血流通顺畅，这样人就不会生病了，就像一直在活动的门轴不容易被蛀虫腐蚀一样。

五禽戏自创编后一直在民间广为流传，已有一千八百多年的历史，发展至今，已形成不少流派，每个流派都有着各不相同的风格和特点。五禽戏体现了我国传统文化天人合一、自然朴素的哲学观念，以及对养生健身方式方法的不懈探索，对于研究我国医疗健身文化的发展具有很高的历史价值。

第一节　五禽戏的创编者

华佗（？—208年），字元化，著名的医学家、药学家，东汉时期沛国谯（今安徽亳州）人。他精通外科、妇科、内科、儿科、针灸等，尤其擅长外科手术，他首创的麻醉药——"麻沸散"，被誉为世界医学史上的里程碑；华佗还整理编创了"五禽戏"，坚持每天练习，使他体格强健、鹤发童颜，相传活到百余岁。

后汉书《华佗传》有文字记载：华佗"晓养性之术，年且百岁而犹有壮容，时人以为仙。"华佗五禽戏是以模仿五种动物的动作和神态为主要内容的一套健身养生功法。"五禽"指的是虎、鹿、熊、猿、鹤鸟种动物；"戏"，就是嬉戏、玩耍的意思。

为什么世界上那么多动物都不选，而非要模仿虎、鹿、熊、猿、鸟这五种动物的动作和神态呢？通过对一些文献资料的查阅，大概是因为这五种动物在传统意义上往往象征着吉祥、健康、长寿，容易被大家所接受的缘故。华佗钻研、继承了前人导引养生术，又结合传统中医理论，梳理了前人的一些做法和经验，最后整理编创了五禽戏。

第二节　五禽戏的起源

五禽戏是华佗在观察了很多动物之后，以模仿虎、鹿、猿、熊、鸟五种动物的动作和神态，来达到舒展筋骨、畅通经脉为目的的一种健身方法；是一种把吐纳、调息、体操、按摩等促进肢体活动和气血循环畅通的动作结合起来的养生健身的体育运动形式，是对前人仿生健身实践经验的总结。

五禽戏最初的动作就是模仿虎的扑动前肢、鹿的伸转头颈、熊的伏倒站起、猿的脚尖纵跳、鸟的展翅飞翔。通过模仿这五种动物的动作，不仅能锻炼四肢的筋骨，而且还能使五脏六腑得到全方位的运动，可有效缓解疲劳。它依据运动养生原理，在古代导引术基础上融汇阴阳、五行、脏象、气血、经络等生克关系学说创制而成，它强调练功时模仿逼真，形神兼备，注重意守和呼吸的配合。五禽戏是一套保健疗法，通过模仿动物的动作和神态，达到强身防病的目的。

　　五禽戏的起源可以追溯到古代。据史料记载，远古时期中原大地江河泛滥，湿气弥漫，老百姓中许多人都得了一种叫"重䐃"的病，这种病会使关节酸胀、疼痛，于是出现了"乃制为舞""以利导之"的"舞"，这就是中华气功导引养生术的最初萌芽。

　　《吕氏春秋·古乐篇》也有这样的文字描述。此处的"舞"就是由多种模仿动物的动作组成，在相关的考古文物和历史资料里面都有记载。

　　先秦《庄子·刻意》有"吹呴呼吸，吐故纳新，熊经鸟伸，为寿而已矣"的记载。其中"熊经鸟伸"，就是对古代养生之士模仿动物姿势习练养生之术的生动而形象的描绘。

　　对华佗编创五禽戏的记载最早见于西晋时陈寿的《三国志·华佗传》，其中记载华佗对学生吴普说："吾有一术，名五禽之戏，一曰虎，二曰鹿，三曰熊，四曰猿，五曰鸟，亦以除疾，并利蹄足，以当导引，体中不快，起作一禽之戏，沾濡汗出，因上著粉，身体轻便，腹中欲食。"吴普"施行之，年九十余。耳目聪明，齿牙完坚。"其意思就是通过模仿虎、鹿、熊、猿、鸟的动作形态，使周身关节、肌肉、筋脉得到活动舒展，用来当作导引，以达到锻炼身体、祛病健身、延年益寿的目的。通过运动可以使饮食中的养分得到充分的消化和吸收，能使经脉中的气血流通畅顺，这样疾病就不会发生，就好像一直在活动的门轴不容易朽蚀一样。这就是古代善于养生者所进行的导引术，它通过模仿熊攀树枝、鸱鹰回头顾盼等动作来俯仰身体，活动关节，使人体不容易衰老。五禽戏就是导引术的一种，经常锻炼，可以防治疾病，可使腿脚活动更加轻便利索。

　　南北朝时范晔在《后汉书·华佗传》中的记载与此基本相同，只是对个别文字略作修饰，全段并没有太大出入。这些史书证明了华佗编创五禽戏确有其事，遗憾的是仅有以上文字，未及其他，动作更无从引证。

　　在《后汉书·艺文志》中还曾记有《华佗五禽诀》《华佗老子五禽六气诀》等书名，但这些书籍都已亡佚。只是在晋代陶弘景《养性延命录》《太上老君养生诀》、明代罗洪先《万寿仙书》等书中对五禽戏的具体练法有所述录。

　　关于"五禽戏"有这样一个小故事。"是以古之仙者，为导引之事，熊颈鸱顾，引挽腰体，动诸关节，以求难老。"据说华佗年轻时去公宜山采药，爬到半山腰时发现了一个洞穴，他很好奇，正想进去，忽然听到里面有人在谈论医道，他就站在洞外听。他听得入了神，听着听着却听见那两个人谈起了华佗，这可把他吓坏了，正要转身跑去，忽然听见一个人叫道："华生既已来了，何不入内一叙！"华佗只好硬着头皮走进去，原来是两位白发长须的仙人。他们向华佗传授了许多奇妙的医术，还传给他一套健身功法，模仿虎、鹿、熊、猿、鸟的姿态去运动，这就是著名的"五禽戏"。

1973年，湖南长沙马王堆三号汉墓出土的44幅帛书《导引图》中，也有不少模仿各种动物神态的导引动作，如"龙登""鹞背""熊经"，有的图虽然注文残缺，但仍然可以看出模仿猴、猫、犬、鹤、燕以及虎豹扑食等形状。

第三节　五禽戏的历史沿革

华佗创编五禽戏最早的文字记载是西晋时陈寿的《三国志·华佗传》："广陵吴普，彭城樊阿，皆从佗学，……，佗语普曰：'人体欲得劳动，但不当使极尔。动摇则谷气得消，血脉流通，病不得生，譬犹户枢不朽是也。是以古之仙者为导引之事，熊经鸱顾，引挽腰体，动诸关节，以求难老。吾有一术，名五禽之戏。一曰虎、二曰鹿、三曰熊、四曰猿、五曰鸟，亦以除疾，并利蹄足，以当导引。体中不快，起作一禽之戏，沾濡汗出，因上著粉，身体轻便，腹中欲食。'"这些记载显示出华佗编创五禽戏的最初想法、动作内容和功法机理，但是没有图片动作。

时间推至魏晋南北朝，华佗五禽戏发展很快。这一时期，各种各样导引术的专著屡见不鲜。华佗的弟子吴普曾经被魏明帝曹叡邀请向朝廷的御医传授五禽之戏，后来这种可以防病治病的功法就逐渐在皇室得到推广。

东晋时期的葛洪著有《抱朴子》，里面有"龙导、虎引、熊经、龟咽、鸟伸、猿据"等各种动作。

发展到南北朝，南朝宋时期的范晔的《后汉书·华佗传》也记载有相关的内容。

根据以上内容可以看出，华佗编创五禽戏是真实的。但缺憾的是，文字记载较多，图片及其他方面的资料极少，导致动作无从考证。

及至南朝齐、梁时期，医学家陶弘景的《养性延命录》详细描述了五禽戏的具体动作，他所在的历史时期相距华佗所处的东汉末年大约三百多年。所以，与华佗五禽戏的原始版本最接近、最相似的，学术界基本都认为应该是陶弘景所记载的这一套五禽戏，但是这一套五禽戏的动作难度偏大，而且动作非常复杂。

到了隋、唐，五禽戏在平民百姓中非常流行。唐代大诗人柳宗元曾书有"闻道偏为五禽戏"的篇章。当时社会的医学技术跟随五禽戏的脚步，也得到了很大发展。唐代著名的"药王"孙思邈在深入研究了华佗医学之后，提倡"流水不腐，户枢不蠹，以其运动故也"，主张适量运动。他认为华佗创编的五禽戏可以强健身体，还可以养生、保健，亦能够治病，对五禽戏是非常的推崇。

宋代诗人陆游书有"啄吞自笑如孤鹤，导引何妨效五禽"（《春晚》），"不动成黑卧，微劳学鸟伸（《遣怀》)"，这些诗文都反映了当时社会上百姓对五禽戏还是非常认可的。

明清时期是五禽戏发展进步比较快的阶段，成果比较丰硕，如明代周履靖的《夷门广牍·赤凤髓》，他把华佗五禽戏的具体动作全部勾画了出来，形成图案，这是有关五禽戏最早的图片记载；清代的曹若水有《万寿仙书·导引篇》、席锡蕃有《五禽舞功法图说》，其中都采取图文并茂的形式，比较详细、全面地描述了五禽戏的动作内容和动作名称。但是这些五禽戏的功法与陶弘景《养性延命录》里面所记载的"五禽戏"差别很大，这里的"五禽戏"顺序为"虎、熊、鹿、猿、鸟"，而且动作都是单式，并且所配的文字、图片详细描述了全部的"五禽戏"动作。

民国时期，五禽戏流传最多的还是在华佗故里——安徽亳州城北的小华庄（今亳州市谯城区华佗镇）和附近的十八里镇。中国其他地方也有很多五禽戏方面的组织、流派、团体，如北京有焦国瑞、山东营口有刘克昌、安徽屯溪有许正阳道士、浙江杭州有灵空禅师、山西有彭庭隽等多位常年习练者，都将五禽戏的功法世代流传。

有个华佗教授"五禽戏"的小故事。公元198年，吴普去拜访华佗，见老师虽已年过九旬，却依然耳聪目明，鹤发童颜，满面红光，就向华佗请教长寿保健的秘诀，华佗说："人体欲得劳动，但不当使极耳。动摇则谷气得消，血脉流通，病不得生。譬犹户枢不朽是也。"大概意思就是说，人一定要经常运动，多参加各种体力劳动和体育锻炼，但要注意适量，不能太过劳累，经常运动可以加快食物在体内的消化过程，使血液循环更加通畅，进而达到少生病的目的。这就像门轴，经常让它转动，就不会受到蛀虫的腐蚀。华佗带着吴普来到室外，亲自传授他所创编的"五禽戏"。最后，华佗又交代吴普，要坚持每天都习练"五禽戏"，天长日久才能行之有效。吴普于是每天天不亮就闻鸡起舞，认真练习"五禽戏"的每个动作，不管严寒酷暑，下雨刮风，一天也不停歇。后来吴普到90多岁的时候，还是"耳目聪明，齿牙完坚"。华佗还有一个叫樊阿的学生，同样每天练习"五禽戏"，最后活到了100多岁。

还有一个传说，东汉末年，"神医"华佗被曹操杀害后，他的弟子吴普、樊阿逃离中原，跑到云南。当他们借宿宣汉一余姓的农家时，看到主人卧病呻吟，他的儿子非常孝顺而且待客热情，于是就把五禽戏中适宜治病的部分动作悉心传授。主人经过一段时间的锻炼，身体逐渐康复了，感激万分，恳求他们二位收儿子做徒弟，传授"五禽戏"功法，"五禽戏"就在当地扎了根，并且代代流传。之后五禽戏又与当地的武术相融合，逐渐演变成了独具风格的世袭武术门派——余门拳。清乾隆四十年（1775年），余氏的后裔余有福凭借此拳威震四川，引起了中华武术界的轰动。

以上是有关华佗五禽戏的部分记载。可见，华佗五禽戏在健身运动历史中具有非常重要的地位。经过几百年的流传，五禽戏已经发展演变出很多流派，但是万变不离其宗，它根本上还是围绕着"虎、鹿、熊、猿、鸟"五种动物的动作、神志和生活习性创编而成。

华佗的这一伟大创举，使他成了最早推行医疗保健与体育运动防治相结合的先驱，但是华佗五禽戏的具体动作方法在当时没有文字记载，只是凭借口授心传的简单方法一代一代传承。

五禽戏也曾受到了道家的推崇，并渐渐融入了道家的一些养生思想，例如练功时的呼吸、吐纳、冥思、意守等。陶弘景在《养性延命录》中作了文字记载，并把这种功法叫作"太上老君养生诀"。道家养生专家的这一做法使华佗五禽戏从最原始的口授心传，转变成为通过文字、图片流传，使华佗五禽戏成为道家运动养生术的重要组成部分，更为华佗五禽戏的发扬光大创造了条件。

第二章　五禽戏的现实状况

第一节　健身气功五禽戏

五禽戏从古至今已经发展衍生了很多流派，由于历史久远的原因，给人的感觉往往是高深而又神秘。因此，上海体育学院编创课题组在国家体育总局健身气功管理中心的指导下，在挖掘、整理优秀传统养生健身功法基础上，发挥集体的力量对五禽戏功法进行了深入研究，并按照传统五禽戏的风格特点，博采各家之长，编创了"健身气功·五禽戏"。

这套"健身气功·五禽戏"的动作内容是根据《三国志·华佗传》的文字记载，按照虎、鹿、熊、猿、鸟的顺序编创，整套动作简便易学；在数量上根据陶弘景《养性延命录》的记载，有10个动作，每一戏有2个动作，在功法的开头和结尾添加了起势调息、引气归元，使整套内容更加完整。

第二节　华佗五禽戏

华佗五禽戏指的是以传统的五禽戏动作为主要内容的套路功法，地域上主要以五禽戏的发源地——安徽省亳州市为主。

在五禽戏的发源地安徽省亳州市，当地政府十分重视华佗五禽戏的保

护推广工作。2007 年，亳州市政府把开展以华佗五禽戏为代表的全民健身运动作为政府的中心工作之一，亳州市体育局大力挖掘、整理、保护、推广、普及华佗五禽戏，制作了华佗五禽戏宣传画册，全面介绍、宣传华佗五禽戏的作用、特点、历史渊源和华佗五禽戏在亳州的发展状况。

亳州地区的华佗五禽戏流传至今已到了第 59 代，当地的 58 代民间传承人有周金钟、陈静、修海燕、马伟财、杨茂堂等人，当地组建、成立的有亳州市传统五禽戏俱乐部、亳州古本新探五禽戏俱乐部、五禽戏健身协会、华佗五禽戏俱乐部等多家民间组织，以曹氏公园、魏武广场、老年大学、汤陵公园为基地，在全市范围设立了许多晨、晚练点，在上海、北京、广州、郑州、合肥等地也设有联系点和推广站。尤其值得一提的是，由亳州市政府组织牵头的"亳州市华佗五禽戏协会"开展了很多活动，充分展现了政府的重视和支持。

现在，五禽戏不但成了亳州地区所属各级学校的必修课程，而且在政府机关、企事业单位、农村乡镇和社区广场也得到了非常广泛的普及。

第三节　其他版本五禽戏

五禽戏流传演变至今已经形成了众多流派，各个流派的功法都有自己多年来总结出的一套独特的技术风格和动作特点，但总的来说，各个流派都是根据"虎、鹿、熊、猿、鸟"五种动物的动作，结合自己多年练习五禽戏的切身体验和感受创编而成，以舒活筋骨、健体养生、防病治病、益寿延年为目的。

这些功法有的以肢体运动为主，重在强身健体，称为外功型，就是我们通常所说的五禽戏；有的是强调锻炼意念，主张以内气运行的，称为内功型，如五禽气功；有的以刚劲为主，通过拍、打、推、按、摩来治病疗伤，也可用于攻防、技击的，如五禽拳、五禽散手等；还有的强调注重柔和，注重动作的姿势，如五禽舞等，形式多样，内容宽泛。

"五禽戏"作为我国国家级非物质文化遗产,历史悠久,源远流长,有着厚重的文化底蕴和历史意义。它在体育学、哲学、养生学、心理学等方面都有着宝贵的价值。当今社会,"五禽戏"在促进人类健康方面具有独到的作用和功能。因此,在五禽戏的推广上,应该加大宣传力度,传播科学健身理念和健康健身方法;组织各种层次的交流展示,提供交流平台;逐渐打破传统站点模式,实施以国家为主、市场为辅的公益事业推广模式;加快国内外师资力量的培养和认证工作。在人类文明大发展的当今社会,中国传统文化的瑰宝——"华佗五禽戏"一定会为我们的和谐社会建设做出新的、更大的贡献!

第三章　五禽戏的养生机理

"五禽戏"为华佗所创，华佗提倡导引养生，并主张通过锻炼方式强健筋骨，延年益寿。五禽戏包括虎戏、鹿戏、熊戏、猿戏、鸟戏，常做五禽戏可使手足灵活、血脉畅通，还能防病祛病。从中医的角度看，虎、鹿、熊、猿、鸟五种动物分属于金、木、水、火、土五行，又对应于心、肝、脾、肺、肾五脏。人们模仿它们的姿态进行运动，正是间接地起到了锻炼脏腑的作用，所谓"超乎象外，得其寰中"是也。

这五种动物的生活习性不同，活动方式也各有特点，或雄劲豪迈、或轻捷灵敏、或沉稳厚重、或变幻无端、或独立高飞，模仿它们的各种姿态可以使全身的各个关节、肌肉都得到锻炼，正如华佗所说："人体欲得劳动，但不当使极耳。动摇则谷气得消，血脉流通，病不得生，譬犹户枢不朽是也。"这里明确地指出了五禽戏的功法原理，通过肢体的运动以流通气血，祛病长生。

五禽戏作为中国传统健身方法，是行之有效的锻炼方式。它刚柔相济、阴阳互补，体现了中华文化天人合一的哲理境界。它能锻炼和提高神经系统的功能，提高大脑的抑制功能和调节功能，有利于神经细胞的修复和再生；它能提高肺功能及心脏功能，改善心肌供氧量，提高心脏排血力，促进组织器官的正常发育；同时它还能增强肠胃的活动及分泌功能，促进消化吸收，为机体活动提供养料。

华佗五禽戏具有调和三阴三阳、沟通上下表里的功效，整套动作能够锻炼经络功能、推动气血运行、增强脏腑机能，从而使人体达到阴平阳秘的健康水准。

虎戏即模仿虎的形象，取其神气、善用爪力和摇首摆尾、鼓荡周身的动作，意守命门，气运足少阴、太阳经，行于肾与膀胱，有益肾强腰、壮骨生髓的作用，可以通督脉、去风邪。"虎"走阴，属肾，行膀胱属阳，阴阳平衡防治疾病，练虎的时候，应瞪起眼来加强肾脏的锻炼。

鹿戏即模仿鹿的形象，取其长寿而性灵，善运尾闾，意守尾闾，气运足少阳胆经和足厥阴肝经，行肝胆、筋腱之间，通经络、行血脉、舒展筋骨。"鹿"主肝，肝脏有毛病，它很起作用。鹿的目光是斜视，斜视就是偷着看人，斜视作用于肝脏，可疏通肝气，调理肺气，互相配合，互相起作用。

熊戏即模仿熊的形象，取其体笨力大厚实之性，意守中脘，气运足太阴脾经和足阳明胃经，气行于脾胃和肌肉之间，调和肝脾，充足胃气，有健脾疏肝益胃之功效。"熊"属土，主脾胃，特别是练摇臂熊、晃臂熊的时候。胃酸、胃痛、胃溃疡、十二指肠溃疡等胃部疾病，就需练熊戏的动作，它很起作用。

猿戏即模仿猿的形象，意守鸠尾，气运心脑和手少阴心经及手少阳小肠经，行于血脉之间，达到思想清静、体轻身健的目的。"猿"属火，主心脏，对心神起作用，猿的动作闪展腾挪灵活，把这个神气表现到了，锻炼的效果就达到了。

鸟戏又称鹤戏，即模仿鹤的形象，意守气海，气行于手足三阴三阳诸经，最后经手太阴肺经，归于肺，可充气活血，疏通气道。"鹤"的眼神，目光是环视，动起来，作用在肺。比如说做平飞鹤，一抬，五脏六腑都起来；一落，都恢复回去。这一张一弛，一开一合，能对肺起到很好的锻炼作用。

现代医学研究证明，五禽戏能锻炼和提高神经系统的功能，提高大脑的抑制功能和调节功能，有利于神经细胞的修复和再生。它能提高肺功能和心脏功能，改善心肌供氧量，提高心脏泵血能力，促进组织器官的正常发育。同时它还能增强肠胃的活动和分泌功能，促进消化吸收，为机体活动提供养料。在华佗那个年代，他虽然不明白这些道理，但却凭着长期的经验，总结出这么一套科学的健身方法，实在是很了不起的。

相传由于华佗坚持练习"五禽戏"，脸似古铜，黑发满头，牙齿坚固，步履稳健，身体十分健康。在他近百岁时，仍面若童颜，精神矍铄，动作灵巧，步履矫健。他的弟子吴普、樊阿等人依此法锻炼，活到 90 多岁时依然耳聪目明。所以说，华佗及弟子的长寿，很大程度上得益于"五禽戏"的锻炼。

第四章　五禽戏的价值体现

作为国家级非物质文化遗产，五禽戏可以说是我国传统文化之精华，展示了中华传统文化的丰厚底蕴，洋溢着传统历史文化的芳香与内蕴，用自己特有的健身养生方式诠释着生命之美。五禽戏不仅是我国民族传统文化的一部分，也是富有民间传统特色的体育项目，不但能强身健体，其本身蕴含的美学因素，还能给人以美的享受。

五禽戏由中华传统文化孕育而生，饱含着中国哲学的智慧、美学的意境、艺术的神韵、文学的精神，使人赏心悦目、身心愉悦。但是，当前有关五禽戏的研究还没有形成一定的理论体系，因此完善基础理论、认识五禽戏的美学特征，对于更好地传承五禽戏、弘扬五禽戏具有一定的理论意义和现实意义。

第一节　文化价值

文化价值是非物质文化遗产价值体系中的核心部分，非物质文化遗产反映了当时民众在集体生活中长期流传的人类文化活动的成果，具有重要的历史文化价值。五禽戏作为中华传统文化之精华，拥有深厚的文化底蕴和丰富的思想内涵，在其孕育、发展、演变、流传的漫长历史过程中，不断与文学、哲学、美学等其他文化形态交流、碰撞、渗透，从而体现出中华传统文化的精神特质和中华民族特有的思维模式、审美观念、价值取向等。它不仅在动作风格上体现了中华民族"以和为贵"的传统理念，而且在功法内涵上也体现了中国传统文化深刻的哲学意蕴和伦理道德。

五禽戏中蕴含着中华民族的文化基因和精神特质，作为文化传递和保存的生动有效的手段、工具和载体，五禽戏可以很好地将民族精神、民族文化世代流传，发扬光大。

五禽戏作为非物质文化遗产在民间的活态流传，有助于人们更加真实、全面地认识历史文化，所以要深刻认识五禽戏在历史传承中的文化多样性价值，保护五禽戏的文化多样性在当今社会仍然具有重大意义。

五禽戏是中国传统的健身方法，是一种行之有效的锻炼方式，它刚柔相济、阴阳互补、内外兼修，蕴含着圣哲们对宇宙和生命的参悟与理解，体现了中华传统文化中天人合一的哲理境界，蕴含着中国传统文化中的哲学思想。

五禽戏在其演变和发展过程中是以中国传统民族精神为主线，以悠久的历史文化为背景，厚重的养生思想为内涵，以五种动物优美的动作和洒脱的神态为演练手段，用传统的技术形式表达人类的健身理念，并将这种优秀文化诉诸传统运动方式来展示和体现，充分发扬了儒家思想中"仁义""礼让""兼爱"的人文精神和道家思想中"清静无为""道法自然""见素抱朴"的自然主义精神，具有丰厚的历史文化之美，对人类的肢体运动和思想道德教育具有积极的意义。

五禽戏动作柔和舒缓、动静适度、虚实结合、刚柔相济，处处充满了文化哲理。五禽戏作为中华民族传统文化的重要载体，在千百年的历史发展过程中融合了中华民族的风格、习惯、心理、感情等因素，积淀了厚重的民族传统文化，和其他传统的武术流派一样；五禽戏也吸收了传统思想的基本哲理，如《道德经》《南华经》《易经》等，形成了集运动、健身、娱乐、欣赏、教育为一体的价值表现形式，从一个独特的视角展现了中国传统文化的传播和发展。现代人在习练五禽戏放松身心的同时，还可以领略中国的传统文化，体验五禽戏所蕴含的道家、医学、阴阳、五行、经络等文化的内涵，这是其他健身运动所难以企及的。

作为国家级非物质文化遗产，五禽戏的每一个动作都能展现出一幅生动的立体画面，每个动作都是一个美丽、形象、生动的动作造型，习练者在锻炼身体的同时能感受到源于大自然原始生物的生活习性和气息，体验到我国传统文化的熏陶。在五禽戏创编之初，华佗应该也融入了大自然的元素，从而使得五禽戏整体动作结构上保持了持续性、连贯性和完整性，每个动作之间没有间断，如流水淙淙、连绵不绝，并在中国传统文化的渗透与滋养下日益完善，具有中华传统文化的特色。也许观赏者不一定懂得五禽戏深刻的内涵，但是一看到五禽戏的动作和运动方式，马上就会意识到这是中华儿女智慧的结晶。

五禽戏作为中华文化的象征符号之一在民间广为流传，也恰恰是以这一象征符号为契机，激发了习练者学习认识五禽戏、了解五禽戏的兴趣。五禽戏动作中所蕴含的深厚的传统文化，以及五禽戏的动作技巧、技法，给一代又一代习练者带来意想不到、连绵不绝的收获。所以说，五禽戏的动作结构形式可以作为中华特色文化符号之一。

近年来，随着国际交流工作的开展，五禽戏承载的中国传统文化也随之得到传播。由国内到国外，五禽戏正连续不断地从文化层面上向全世界人民展示中国传统文化，同时也提高了五禽戏的影响力，体现了五禽戏所蕴含的文化价值！

第二节　社会价值

社会价值是与时代的发展、社会的文明程度密切相关的，通过人自身实践对社会做出的有积极作用或积极性影响的贡献和责任，它涉及社会各个方面。五禽戏作为非物质文化遗产，它反映了那个时期人们共同的心理结构、思维模式、生活习惯等内容，规范着人们的群体生活方式和思想价值取向，能产生强大的民族凝聚力，同时具有重要的社会价值。

　　五禽戏历经千年，源远流长，具有广泛的社会基础，它是中华民族在长期的社会生活与斗争实践中逐步积累和发展起来的一项宝贵的非物质形态的社会遗产。五禽戏对习练者具有修心养性、陶冶情操、培养意志的作用，其"原生态"的运动方式简便易行、老少皆宜、功效显著、易于普及，使人们能更加自然地去接受它、适应它，因此其具有广泛的群众基础和深厚的社会影响力。

　　在习练五禽戏过程中，习练者可以全身心地投入到他所体验、意识到的与"五禽"融为一体的"天人合一"的至高境界中，这种境界让人意识到"我"与自然融为一体，懂得"天地与我并生，而万物与我为一"的道理，有助于习练者调节心理、陶冶情操，提高内在修养，健全个人品格，提高社会适应性和行为水平，满足个性心理需要，保持平和的心态和平静的心情，不计得失，以自然、平等的身份和心态对待他人和外界事物，提高生活质量。

　　经常习练五禽戏可以使焦虑、多疑、悲伤、消极、急躁、易怒的人改变成为沉静、随和、乐观、稳健、豁达的人，有利于促进个体的心理健康，减少心理疾病的发生，有助于习练者正确认识自己在自然界的地位和作用，把自己的人生观和价值观融入五禽戏的习练过程之中，达到忘我的境界，所以说习练五禽戏不仅是强身健体的生活方式，更是一种文化精神的内在修为。习练者大多为团队练习，虽然人数不多，但大家都是为健身娱心而来，彼此间没有利益冲突，少猜忌、无隔阂、易沟通，在学习交流、强身健体的过程中，促进了情感交流，增进了相互间的信任和理解，从而疏导了工作中造成的心理压力和感情危机，使人际关系更加和谐融洽，进而达到心理相容、心灵相通。

　　随着社会生产力的进步，经济的发展，人民生活水平的不断提高和余暇时间的增多，五禽戏会更加的普及，五禽戏厚重的社会内涵影响将会使越来越多的人受益。这些为提高社会的精神文明程度、维护社会的安定团结、建设小康社会、构建和谐社会，具有一定的现实意义，也充分体现了五禽戏的社会价值。

第三节　健身价值

五禽戏作为一套养生健身功法，健身价值是它的本质。五禽戏由华佗所创，他提倡导引养生，并主张通过锻炼的方式，来强健筋骨、延年益寿，他创编的五禽戏就是模仿五种动物的动作和神态，来舒筋健骨、畅通经脉，长期习练此术，不但能治疗伤病，还可以使手脚逐渐变得麻利，倘若觉得身体某个部位不舒服，可赶紧习练五禽戏，直到大汗淋漓为止，这样会使人感到浑身轻便舒适，食欲大增，睡眠质量也得到提高。据说华佗的学生吴普遵照华佗的教导坚持每天习练五禽戏，后来活到90多岁还是耳聪目明，牙齿完整。这相对当时"人到七十古来稀"的整体社会状况来说，绝对可以算是个奇迹了。

五禽戏虽然属于仿生功法，但是强调以动养生。《三国志·华佗传》记载"人体欲得劳动，但不当使极耳，动摇则骨气得消，血脉流通，病不得生，譬犹户枢不朽是也"，"是以古之仙者，为导引之事，熊经鸱顾，引挽腰体，动诸关节，以求难老"，"吾有一术，名五禽之戏：一曰虎，二曰鹿，三曰熊，四曰猿，五曰鸟，亦以除疾，并利蹄足，以当导引"。这些都详细记载了华佗五禽戏的养生机理和五禽的种类，华佗在整套五禽戏里面大都在模仿动物的动作和神态，像虎的威猛、鹿的回首、熊的浑厚、猿的敏捷、鹤的昂然，用源自大自然的仿生动作来弥补人们日常生活中活动不到的部位，通过五禽戏的练习来改善机体各器官的功能，起到调和阴阳、疏经通络、行气活血的功效，达到强身健体、抗御外邪的目的。

五禽戏与其他的健身方法不同，它通过肢体运动与呼吸、意念相结合，达到既健身又娱心的目的。习练五禽戏讲究在宁静、安然的心理状态下进行身体的舒缓、伸展，把所有的注意力集中在所习练的动作上，配以清新、婉转、悦耳的音乐，习练者将身心沉浸在宁静、空灵的氛围中，净化心灵、调节情绪，可以很好地减压。经过长期的五禽戏练习，可以促进人体血液循环，强健骨骼肌肉的力量，加强人体的呼吸系统和消化系统的功能，对增强人体免疫力、提高身体健康水平都会有良好的作用。

因此，五禽戏可以很好地调节现代人的生活节奏，减缓人的心理压力，维护身体由内而外的全面的健康，使人以一种健康的身体和心态来面对幸福的生活。

第四节　教育价值

学校是培养人才的摇篮，也是传播民族文化的阵地。学校教育是当代文化传播的重要力量，开发学校体育课程资源是弘扬民族传统体育文化的重要途径。未来的教学实践要求我们面向学生体育与健康教育的需要设置相应的实践内容，以培养学生的创新能力、实践能力和社会适应能力。

现在各高校中每年因身心问题原因退学的学生数量在不断增加，学生的身心健康问题已经引起有关部门的重视。这也对我们学校的体育教学培养目标提出了更加具体的要求，单纯强调人文教育和科学教育已经远远不够了，必须关注学生的身心健康状况，提高学生的身心健康水平，才能切实贯彻落实"健康第一"的教育思想。

《全国普通高校体育课程教学指导纲要》就明确指出，体育课程是学校课程体系的重要组成部分，是学校体育工作的中心环节，并且指出要做好现有运动项目的改造和对新兴、传统体育项目的利用，开发运动项目资源。非物质文化遗产华佗五禽戏课程融入健康教育体系，是对培养学生健全人格的有益、必要的补充。非遗五禽戏在增强体质、"治未病"方面有着显著的价值，因为五禽戏既能养生又能治病，具有平衡阴阳、疏通经络、调和气血、强身健体、益寿延年的功效。传统的非遗五禽戏有 13 式、26 式、54 式、五禽观剑等套路，由模仿虎、鹿、熊、猿、鸟等动物的动作组成，掌握这些动作，需要学生形、神、意、气的配合，学习动作的过程，就是开发学生智育和体育的过程。

非遗五禽戏走进校园可以拓展校园文化的内涵,加深学生对传统文化的认识,使学生能深入了解地域文化,从社会实践和民间文化中汲取养分,厚植热爱祖国的思想基础。学校不仅是科学知识的传授之所,还是人格的塑造之所,在学生学习五禽戏的同时,可以进行民族传统文化的教育,培养年轻一代对民族传统体育文化的认同感和自豪感,提高学生综合素质,打造新时代传统体育文化的接班人。这是非遗五禽戏在德、智、体方面教育价值的完美体现。

第五节　历史价值

　　五禽戏由东汉末年华佗创编,而后一直在民间广为流传,迄今已有1800多年的历史,不仅取效于当时,而且泽绵于后世,至今仍在不断的传承发展。五禽戏反映了人民群众关于健身文化的传承与创新,体现了我国传统文化中天人合一、自然朴素的哲学观念,以及对养生健身方式方法的不懈探索,对于研究我国医疗健身文化的发展具有极高的历史价值。华佗五禽戏在人类与各种疾病的长期斗争中做出了重大的贡献,已经作为中华民族传统文化的代表之一列入了国家级非物质文化遗产名录。

第五章　五禽戏的技击理念

　　五禽戏是东汉时期华佗根据虎、鹿、熊、猿、鸟的动作特征和生活习性，结合导引、养生、经络、气血等理论整理、创编的具有中华民族特色的健身养生、延年益寿的仿生功法，是我国优秀民族传统文化中的一朵奇葩，也是富有民间传统特色的体育项目。

　　为使传统的华佗五禽戏更加规范化、普及化和系统化，五禽戏发源地亳州的华佗五禽戏57代传人董文焕、刘时荣等先后编著出版了《华佗五禽戏》《古本新探·华佗五禽戏》及《五禽观剑》等著作，培养了周金钟、陈静、马伟财、修海燕等一批五禽戏嫡传弟子，其中周金钟出版了《国家级非物质文化遗产——华佗五禽戏》。2011年，亳州华佗五禽戏被收录为国家级"非物质文化遗产名录"，2012年，亳州市被国家体育总局命名为"中国五禽戏之乡"。

　　华佗五禽戏是中华民族传统文化的代表之一，武术也是植根于民族文化中的传统文化代表，传统武术从其动作元素萌芽的那一天起，技击属性就成为传统武术的根本属性。

　　技击属性是中华武术文化的载体，传统武术的主体价值就是体现在实用技击上的，可是为什么在外来武技日益繁荣的今天，中华民族传统武术的技击性却日渐削弱，是传统武术技法的博大精深限制了其发展与传播？还是今天我们对传统武术的理解有偏颇？这是一个值得深思的问题。

　　在文化全球化的今天，华佗五禽戏作为国家级非物质文化遗产，其蕴含的技击思想也遭遇了同样的问题。华佗五禽戏彰显了中华民族传统文化的厚重底蕴，用自己独特的健身养生方式诠释着传统文化的内涵与意蕴，但是当前有关华佗五禽戏的理论研究还没有形成一定的体系，挖掘华佗五禽戏的技击思想内涵，完善其基础理论，对于更好地传承、弘扬五禽戏具有一定的理论意义和现实意义。

第一节　技击的概念

在历史岁月的长河中，凭借独特的思维模式、价值观念、审美情操，经历代传承人的锤炼和不断实践，逐渐形成了具有鲜明特征的中华民族传统体育，其以武术为主要代表。武术起源于技击实战，传统武术的最重要特征就是技击，技击一直是传统武术在社会历史中得以生存和发展的根本要素。

"技击"一词最早出现在《荀子·议兵篇》中的"齐人隆技击"和《汉书·刑法志》中的"齐慗以技击强"，这里的"技击"指的是士兵杀敌的技术。《拳经》记载："吾国技击之术，发端于战国，昌明于唐宋，盛极于明清。"到清朝时期，学者们仍认为"以勇力击斩敌者，号为技击"。从古至今，技击一直作为传统武术的核心要素而存在，尽管武术在不同的历史时期表现形式各不相同，但技击这一核心一直是武术得以生存和发展的重要保证。

现代技击的概念可以分为广义和狭义两种。

广义的技击指没有时间、地点、人数、规则等限制，运用一切可以用来打击、摧残、制服、消灭对手的手段进行的搏斗，具有不确定性和突发性，而且在技击中，任何危险的情况都可能出现，是保护自己或己方利益的生死格斗。它用自身的生命战斗，是完完全全的实战，是真正意义上的技击。所以，如果要在技击中取胜，搏击者必须要有高度的警惕性、良好的心理素质、快速的应变能力和娴熟的技击技法。

狭义的技击是指在一定场地、规则限制下，使用规则以内的攻防手段进行交战所形成的格斗形式，它将参与者的安全因素以及人们的喜好相结合，来达到切磋技艺、强健身体、娱乐消遣的目的。

华佗五禽戏作为中国传统体育项目，取法于自然界的动物，作为象形套路动作，脱离不了武术的大环境。华佗五禽戏受传统武术思想的影响，其思想内涵也深蕴着技击的思想和理念。

第二节　华佗五禽戏的技击动作解析

华佗五禽戏的形成过程深受中国传统文化的影响，修身养性、健身娱心、刚柔相济、动静结合，注重人与自然、人与社会之间的和谐统一。华佗五禽戏作为传统武术的组成部分，由模仿虎、鹿、熊、猿、鸟的动作组合创编而成，其功法动作中也蕴含着传统的技击思想。习练五禽戏时应表现出虎的威猛刚健、鹿的迅疾机敏、熊的沉稳踏实、猿的灵活敏捷、鸟的舒展飘逸。五禽戏的很多动作都具有技击含义，讲究动静结合、虚实相兼，手、眼、身、步法的和谐统一；同时它体用兼备，强调躯干的"中正"和肌体各部位的劲力要对称、平衡。

一、虎戏动作"猛虎扑食"

虎戏要模仿虎的动作和生活习性。老虎体貌威严，性情凶猛，气势凌人，所以虎戏动作较刚猛有力，动起时如狂风骤起、暴雨倾盆，迅捷勇猛，有一定的攻击性。如"猛虎扑食"，左脚快步向前迈出一大步，右脚向前跟进，同时两手向前猛抓，再向后拉，左手在前，右手在后，掌心相对，两手相距约一拳，目视双手；前抓过程吸气，后拉过程呼气，强调"快步抓食松与紧，含胸拔背脚跟稳，沉肩坠肘刚柔济，意守劳宫壮腰肾"，要求上步要快而且干净利落，手抓要猛而且干脆。

其意境就是老虎为捕捉食物而做出的攻击性动作，其中的"猛""扑"显示了老虎动作迅猛、主动出击的技击动作特征，蕴含的技击思想就是在对敌过程中，要主动向对手发起进攻，动作上要先快步上前，然后双手用力抓住对手的身躯或手臂再向后猛拉，致使对手失去重心而摔倒。

二、虎戏动作"跃步虎扑"

虎戏中"跃步虎扑"，动作为左脚向前踏步落地，身体下落，两手随之下落，左脚随之蹬地使身体跃起，右脚向上、向前腾空而起，脚心向后，脚尖向下；同时，两手臂向前引领身体划弧一周成立圆至肩前上方，目视前方，右脚着地，随即左脚向前迈进一步成弓步，上身微微前倾；随即两手臂由肩前上方向下扑按，并停于左膝旁。掌心向下，目视前方。强调"提膝蹬地前跃身，双臂引领腰前伸，着地稳健松下胯，脚踩手按内力均"，要求起跳蹬地要有力，着地扑按时要求沉肩坠肘、松腰沉胯、力达掌根，手腕要瞬间坠腕发寸劲。

其意境就是老虎与敌手在搏斗过程中做出攻击性动作，其中的"跃""扑"显示的老虎为有效攻击对手而高高跃起，重拳猛击对手的技击动作特征，蕴含的技击思想是对敌时要像老虎一样"先下手为强"，主动用力高高跃起向前猛扑，然后抓住对手进行攻击；要主动攻击，大起大落，脚手并用，猛烈攻击，才能出奇制胜，击倒对手而处于上风。

三、鹿戏动作"成鹿亮角"

鹿是传说中的长寿之兽，好角触，善奔走。鹿戏动作要模仿鹿的轻灵安舒、沉缓稳健。鹿戏中的"成鹿亮角"，动作是左脚向前上步，身体右转成左弓步；同时，两手臂从腰间内旋向前伸出鹿指，手指均向前刺出，左手臂在下，手心向下，右手臂在上，手心向上，身体稍前倾，目视前方。强调"成鹿嬉戏触角争，两臂缠丝功内行，扭首坐腕拉筋骨，臂引身躯弓步成"，要求动作要连贯、缓慢、柔和，亮角时要表现出鹿的嬉戏，如两鹿在地上抵架，力从腰出，劲发于身，达于两手指，亮出时用内力循序渐进逐步加强，外柔内刚。左手要坐腕、右手要向上反撑手腕，沉肩坠肘、松腰坐胯。

其意境就是两鹿在互相抵架，用鹿角做出攻击性的动作，以打击对手，其中的"亮"字显示了鹿为了震慑对手而展示自己的强大鹿角武器，同时做出攻击动作，蕴含的技击思想是从心理上先震慑对手，对敌时先稳住下盘，然后双臂同时像利剑一样刺出，攻击对手，获取胜利。

四、鹿戏动作"返回鹿巢"

鹿戏中的"返回鹿巢"，动作是重心右移，右腿直立，左腿屈膝上提，随即左脚向后落步，然后蹬地使身体腾空，在空中左转体360度，先落右脚，后落左脚；同时，两手臂由上向下顺时针划立圆；左脚在后，右脚在前，身体稍直立，双目环视；重心移至左脚，右脚上提，脚尖点地，两手收抱于腰间，手心向上；右脚向左前方迈进一步成右弓步，同时，两手臂从腰侧内旋刺出，右手沉腕，手心向前，左手翻腕，手心向上，目视前方。强调"蹬地腾空转躯体，双臂划圆如车轮，刺激肝胆活气血，急奔疾走脚要稳"，要求动作要连贯，一气呵成，身、手要协调一致，起吸落呼，蹬地起跳要用力，身体要轻快，下落要用前脚掌先着地。两手臂在空中划立圆，并保持与肩同宽，要放松自然、舒展大方；上身也要随两臂划圆。

其意境就是鹿在返回巢穴的过程中奔跑跳跃，闪转腾挪。蕴含的技击思想是对敌时要采用合理的战术，适当时要"以退为进"以利于后面争取更大的胜利，因为"返回鹿巢"下一个动作就是"成鹿亮角"。

五、熊戏动作"笨熊猛击"

熊是力量的象征，体笨力大，勇敢刚直。熊戏动作要模仿熊的沉稳有力，猛击、抗靠是熊的主要动作。熊戏中的"笨熊猛击"，动作是两手收于腰间，握空拳，拳心向上，左脚收回右脚内侧，脚尖点地或悬空，身体左转，右脚蹬地，左脚向左前方快速迈出一步，随即右脚跟进半步成鸡行步；同时，双手握空拳从腰间旋转击出，拳心向下，力达拳面，上步击拳为快呼气，目视左前方。强调"运身蓄力要松骨，弹抖发力从跟出，腰劲带臂力达手，蓄吸发呼运化物"，要求拳脚同时猛进，左脚在前、右脚在后成鸡形步；身、步、拳同时猛击（转体发力向前猛击，发力要整，先松后紧，爆发力瞬间要紧，随即再松下来；力从脚跟出，同时要用腰劲，先蓄后发，转体的过程就是蓄劲的过程）；出拳要旋转，力达拳面。猛击发力时要沉肩坠肘，含胸拔背。正确处理松与紧、刚与柔的关系；蓄劲时要放松全身。

其意境是熊在与敌搏斗过程中，快步上前，双拳同时用力攻击对手，一击制胜，其中的"猛"字显示了熊用力的勇猛，"击"字体现了熊击倒对手的决心、信心。蕴含的技击思想是对敌时要抓住时机，双拳用尽全力攻击，击打对手躯干部位，使对手受创。

六、熊戏"笨熊抗臀"

熊戏"笨熊抗臀"动作，两脚与肩同宽，两腿微屈；同时，两手臂向上、向左、向右划弧一周回至腹前，手心向上，手指尖相对，目视前方。两脚蹬地向前跳起，两脚同时落地，身躯下落变成马步；同时，两手从腹前经左右两侧向上划弧、经胸前向下按至大腿上方，手心向下，两手指尖相对，目视前方。强调"蹬地腾空后抗臀，松腰坐胯蹲要稳，含胸拔背力无穷，起吸落呼益精神"，要求身、手协调，动作连贯。起跳蹬地要用力，落脚要稳，上身中正，含胸拔背。后抗发力劲要整，内收腹不要翘臀，力达臀部与马步形成要一致。

其意境是熊在对敌搏斗过程中，凭借强大的力量，用自己壮硕的身躯去对抗、撞击对手。其中的"抗"字体现了熊沉稳、敦厚、健壮、有力的身体特点，并利用身体优势去对抗、击打对手，蕴含的技击思想是充分利用自身躯干力量，扬长避短，结合自身优势，抗击对手。如果对手体格不大，可直接利用躯干抗击对手；如果对手体格健壮，则要看准时机，选择对手下盘未稳时，迅速攻击，用"四两拨千斤"的巧劲击倒对手。

七、熊戏动作"笨熊推掌"

熊戏"笨熊推掌"动作，重心移至左脚，左腿屈膝前弓，两手慢慢向左前方抄起，目视右前方；重心移至右脚，右腿微屈独立，左脚收回，脚尖点地或者悬空成左虚步，双手收回腰间或者胸前，目视左前方；身体微微右转，然后快速向左转回，左脚向左前方快速迈出一步，右脚跟进半步，左脚在前、右脚在后成鸡形步；同时，双手向左前方推出，力达掌根，指尖向上，目视左前方。强调"欲进则退猛上前，翻掌发力大无边，含胸拔背刚柔济，蓄吸发呼意劳宫"。

其意境是熊在与对手进行搏斗时使出浑身力气向对手猛推，以推倒对手，其中的"推"字显示了熊在与对手搏斗过程中用尽全力所做出的攻击性动作，蕴含的技击思想是对敌时选择适当时机全力进攻，利用双掌将对手推倒在地，一击制胜，获取胜利。

八、熊戏动作"怒熊拔树"

熊戏"怒熊拔树"动作，重心移至右脚，身体左转90度成左虚步；同时，两手臂向右、向上、经头顶上方向身体右侧前方划弧，左手臂微屈，右手臂伸直，手指向后，手心向上，目视前方；身体继续左转，左脚向后撤一大步，左腿屈膝下蹲，右脚向前伸直成右仆步；同时，两手一同向下划弧、向后拉，右手在前上，左手在后下，手心向下或双手遥遥相对，模仿拔树状，目视双手。强调"转身撤步双手拔，含胸拔背松腰胯，怒目用力要协调，屈膝后坐益运化"，要求动作要连贯，手臂划立圆时要缠丝，动作要连绵不断，如行云流水，做到逆腹式呼吸，起吸落呼，仆步时上身要中正或微前倾，向后拔树要含胸拔背并用内力，手脚要配合协调。

其意境是熊在与对手搏斗时，想依靠自身无穷的力量，运用拔树的动作把对手摔倒，其中的"拔"字体现了熊的超大力量和压倒性的起势，意欲把强大的对手拔起摔倒，蕴含的技击思想是先从气势上压倒对手，再运用自身的力量和传统武术中"摔"的技法，从腰部把对手抱住，像拔树一样把对手抱起、摔倒。

九、猿戏动作"驰骋跳跃"

猿戏的"驰骋跳跃"动作，向左转体，左脚蹬地下落的同时右脚立即提起；左勾手提至左眉外，右勾手落在右髋旁，勾手均向下；右脚蹬地下落的同时左脚立即提起，右勾手提至右眉旁，左勾手落左髋外，目视斜下方，勾手指均向下；最后左脚落地，两臂前伸与肩平，再徐徐向下落髋两旁，要求蹬地跳跃时再左蹬右提，右蹬左提要驰骋快捷，轻灵迅速。

其意境是猿在对敌搏斗过程中上蹿下跳，闪转腾挪，以躲开对手的攻击，伺机攻击对手，其中的"跳""跃"体现了猿在搏斗过程中凭借自身的灵巧与敏捷忽跳忽跃，左闪右躲进行躲避，并在躲避过程中寻找适当的时机发动攻击，一击制胜。

十、鸟戏动作"白鹤扑地"

鸟飞翔在空中，飘逸洒脱，肢体轻灵，好高飞，喜争鸣，动作敏捷轻盈。鸟戏"白鹤扑地"动作，两脚原地不动，保持与肩同宽，右手臂自然伸直从右侧向左、向上方抬起划弧至头顶上方，指尖向上，手心向前；左手臂自然伸直停于左胯外侧，手心向后；同时，身体向左、向上转体直立，目视右手上方；右手臂向右、向下从背后再向左、向上划弧一周，向身后伸展，手心向前，手指向上；左臂向左、向上经头顶上方向右、向下划立圆停于右脚前外侧，指尖向下，手心向右；身体向右扭转前俯，低头垂地，目视左手，扭身下落；左手向右上抬起经头顶向左划弧，左手臂伸直上举，手指向上，手心向前；右手由身后向左下、向右划弧落于右胯旁；在手臂的带动下身体向右、向上扭转直立，目视左手；左手臂向左、向下从背后再向右、向上划弧一周，向身后伸展，手心向后，手指向上；右手从身体右侧向上经头顶上方向下划立圆停于左脚前外侧，指尖向下，手心向左，身体向左扭转前俯，低头，目视右手，扭身下落。强调"两臂伸展如扁担，抡臂划圆活腰间，弯腰挤按脏与腑，任督疏通肺安然"，要求两臂划弧时要放松、柔和、缓慢，速度要均匀，如行云流水，弯腰低头，起身站立与身、手要协调一致，抡臂时两手臂在一条直线上。

其意境是飞鸟在相互扑斗过程中，展开自己的翅膀去扇击、扑击对手，其中的"扑"字体现了鸟为了攻击对手而做出的技击性动作。蕴含的技击思想是对敌时左击右扑，寻找合理的位置，采用合理的动作，攻击对手。

第三节　华佗五禽戏的技击组合动作

从中医五行的角度来说，虎、鹿、熊、猿、鸟分别属于金、木、水、火、土；从五行相克的理论出发，金克木、木克土、土克水、水克火、火克金，由此衍生出一系列五禽相克的技击组合动作。

一、五禽相克的攻防动作

1. 金克木，虎克鹿

五行中，虎为金，鹿为木，按照五行相克的理论金克木即虎克鹿，虎和鹿的搏斗过程可用如下动作组合（虎者即用虎之动作者，鹿者即用鹿之动作者）：

鹿者用成鹿亮角（右式）成右弓步，向虎者的胸腹部进攻，眼随手动，手脚齐到；虎者用猛虎抓食（右式），破鹿的鹿角（成鸡形步），脚手齐动，双手抓击鹿者的手指，虎者右腿在前、左腿在后；随即虎者用饿虎觅食动作进攻鹿者的左腹部，右手迅速内旋将鹿者的左手臂掀起向外，左脚向后插步，左手掌上架鹿者手，用右翻掌攻击鹿者的左腹，将鹿者击倒，此式即为金克木。

2. 水克火，熊克猿

熊者用笨熊猛击动作，左脚落地在前，右腿屈膝在后，同时双手攻击猿者腹部，脚手齐到，目视右手；猿者用白猿献果，双手托击熊者的双手，屈膝下蹲，此式即为水克火。类似这样的组合动作还有很多。

二、五禽戏动态博弈智慧

首先，华佗受天道自然观的影响与启示，想通过效仿动物的行为特征，来帮助人类更加健康、长寿而创编了五禽戏。

五禽戏是由模仿虎、鹿、熊、猿、鸟五种动物的动作构成，这些动物来自大自然，它们在自然界的生存与发展中不可避免地会与其他动物发生争斗行为，技击自然成为这些动物的生存技能之一，技击性动作也就成为这些动物基本动作中不可或缺的部分。华佗五禽戏历经时代的变迁和岁月的磨砺发展到现代，动作也经过了多位传人的改编与整合，但技击性动作与思想内涵作为"原始思想"依然存在。

其次，华佗五禽戏作为中华民族传统文化滋生的产物，具有传统武术的基本特点。

从动作姿势和外形上看，以自然放松、圆活柔顺、手到步随、紧凑精密为特色。上肢动作以拳、掌、勾为主要手型，下肢动作以弓步、马步、虚步等为主，脚踏实地，步步为营，进退自如，转化自然。这些都与传统中华武术如出一辙，从文化同源的角度来说，同是源自中华文化的五禽戏也具备和武术同样的技击特点和内涵。

再次，华佗五禽戏源自虎、鹿、熊、猿、鸟的动作，动物的技击性在五禽戏的动作中得到了验证。

华佗五禽戏中的"猛虎扑食""成鹿亮角""笨熊猛击""驰骋跳跃""白鹤扑地"等动作均从不同角度、不同场景展示了技击动作，以及五禽戏中运用五行理论而编排的对练动作等，都充分显示了五禽戏的技击思想内涵。

我们在继承和弘扬中华民族传统文化之瑰宝——华佗五禽戏的同时，应在保持其原始性技击思想内涵的前提下，不断汲取外界文化之精华来提升其吸引力、展示其活力、彰显其魅力。在此背景下，通过对其"原始"的健身、养生特点进行分析，还原其技击特点的真实面貌，探究华佗五禽戏的技击本质，才是弘扬和发展华佗五禽戏的正道与最根本的途径。

第六章 五禽戏的美学特征

五禽戏来源于生活，取法于自然，是现代社会"绿色""原生态"的健身方式，其动作舒展、大方、缓慢、柔和，给人以美的印象和感受。习练者凝神静气，形神兼备，加上优美形象的动作，不仅使习练者体验到五禽戏的健身功效，也使观赏者感受到五禽戏的神韵与美感，让人浮想联翩，所以说五禽戏是一门蕴含丰富美学因素的艺术，它倾注了中华传统文化的民族气质、民族精神、民族心理和民族美感，是东方古老文明之美的缩影。

第一节 动作美

五禽戏是神医华佗模仿虎、鹿、熊、猿、鸟的动作和神态创编而成，取材于生活中的典型事物，把这些动物的动作和神态按照一定的场景有机组合起来，各个动作之间进行合理、精妙的搭配和安排，就显示出了生机勃勃的魅力。

五禽戏动作很多，有各种手、眼、身、步法以及形、神、意、气的变化与统一等，这些动作的配合与变换，都属于动态造型，体现了运动之美。有些动作刚劲有力，可使人心情激动，情绪高昂；有些动作柔和舒缓，可使人心境平和，情绪轻松。这两种截然不同的动作给予读者的审美感受、审美体验是不同的。在五禽戏动作中，这两种不同的动作组合在一起，能够使读者的审美感受、审美体验得到补充、得到转换，在心理状态上激动与宁静相互补充，相互调节，使读者获得更大、更深、更持久的审美享受。

一、阳刚之美

习练非遗五禽戏要求模仿五种动物的动作和神态，不但要"形似"，还要"神似"。五禽戏强调健身养生，强健体魄，作为运动项目的一种，首先要彰显运动健身的"阳刚之美"。

五禽之中的"虎""熊"都属于比较威武、阳刚、霸气、勇猛的动物，虎戏、熊戏的动作以模仿"虎""熊"的动作和神态为主，彰显了阳刚之美。

例如，虎戏中的"坐洞运爪"意指老虎捕食前坐在山洞中活动自己的虎爪，舒展筋骨，为捕食工作做好准备活动。在动作上要求含胸拔背、沉肩坠肘、松腰坐胯，要以腰为轴带动手臂和下肢运动，同时虎爪要有力、力达指尖，"运爪"的同时要体现出老虎作为百兽之王的威武雄壮。在健身机理上通过屈膝下蹲、转体、沉肩等动作放松腰部肌肉，锻炼下肢，主要运动腰椎、颈椎及髋、膝、踝、肩等关节，可以强筋壮骨、疏通经络、调和气血，加速神经末梢的血液循环。

虎戏中的"猛虎跳涧"意指老虎在捕猎过程中跳过山涧去捕捉动物，在动作上要求松腰下胯、急起急落、提膝蹬腿、力达虎爪、动作连贯，体现出虎的威猛有力。在健身机理上手臂一起一落，可调理三焦之气，将五脏六腑全部调动起来，提高上下肢肌肉力量，改善器官功能，促进血液循环。

熊戏中的"笨熊推掌"意指笨熊意欲将前方的障碍物或敌手推走，在动作上要求以意领气、目视前方、力达掌根、推掌要快、发力要整，体现出熊的沉稳、敦厚、力大无穷。在健身机理上强调腰髋发力带动身体，疾步上前快速推掌，可以锻炼人体的反应能力和爆发力，提高肌肉力量。

虎戏、熊戏体现了威武强健的阳刚之美，给人以一种威猛雄健的感觉，体现了老虎气吞千里、黑熊力负千钧的雄伟气魄和坚韧不拔的阳刚气概。

二、婉柔之美

五禽戏的运动风格讲究心静、体松、中正、安舒，整套动作流畅悠缓、连绵不绝、清新雅致，形成了在运动过程中追求绿色、自然、纯朴、原生态的风格，表现出浑厚、优雅、恬淡的自然之美。

五禽之中的"鹿""猿""鸟"都属于比较灵活、婉转、轻柔、飘逸的动物，鹿戏、猿戏、鸟戏的动作以模仿"鹿""猿""鸟"的动作和神态为主，彰显了运动的婉柔之美。

例如，鹿戏中的"转颈运闾"意指梅花鹿在安详地运转项颈，要求两手臂顺时针划立圆，眼随手走，身体重心随之移动，同时松腰坐胯、沉肩坠肘、神牵颈转、配合呼吸、动作流畅、放松自然。在健身机理上可以增强下肢关节的肌肉力量，改善上肢关节及腰部的灵活性，达到疏肝理气、调畅情志、强筋健骨的作用。

猿戏中"白猿欢跳"意指白猿在开心地欢呼雀跃，要求手臂前抓后快速收回，同时快速蹬腿提膝、耸肩松胯、身法灵活、眼神机敏，体现出猿的灵活与敏捷。在健身机理上可以提高快速反应能力和协调能力，锻炼下肢灵活性，动作松紧交替、张弛有度，可以很好地提高心血管系统机能。

鸟戏中"抖翎飞翔"意指飞鸟抖动羽毛、展翅飞翔，要求提膝抬臂、身体舒展、手臂划弧、配合呼吸、目视前方，同时松腰下胯、含胸拔背，动作要柔和婉转，体现出鸟的飘逸与洒脱。在健身机理上可以很好地锻炼人体的协调性与柔韧性，增强腿部力量，宣肺理气，提高心肺功能。

鹿戏体现了梅花鹿的挺身远眺、悠然转颈，给人以闲舒雅致、轻灵安详之感；猿戏体现了猿猴的闪展腾挪和巧妙轻灵，给人以机敏灵活、轻松活泼的乐趣；鸟戏体现了仙鹤舒展自如和悠闲、潇洒的情态，给人一种洒脱、超然之感。鹿戏、猿戏、鸟戏采用温和、灵活、松柔的动作，展现了五禽戏的婉柔之美。

三、和谐之美

在五禽戏运动过程中，通过人体点、线、面的转变组合以及劲力、节奏、精神等的表现组合而形成的一幅动态画面，可以给人以美的感受。习练时肢体的方向、力度、位置、幅度都要准确、不偏不倚，动作精准；身体其他部位还要协调配合，运动中身体的运动轨迹、路线要准确、合理，只有做到这些，举手投足间流露出的原始生态美感才会给人美的享受。

从美学的角度来说，人类最初发现了人的身体是对称的，于是认识到"对称"是视觉上最和谐的、结构上最稳定的、感知觉上是最平衡的，因此人们普遍认为对称就是最美的、最实用的，由对称所引发的和谐是美的、平衡是美的、稳定是美的。在五禽戏的动作中，从局部的结构上来看，动作都是对称的，先有一个左式，后面还有一个右式，这样才能左右对称，才能和谐，有助于动作的稳定和平衡，并且使身体的各个部位都能够得到锻炼。

非遗五禽戏内和五行，外和三才，仿自原始生物，和谐统一，从动作、节奏、神态和整体风格上都充分展现出中国传统古典文化中"视自然万物为一体"的整体理念。

五禽戏具有重"和谐"的动作特点，这种动作特点表现在五禽戏形、神、意、气中对动作整体和谐的追求，也就是"内三和"与"外三和"。"内三和"即心与意合、意与气合、气与力合；"外三和"即肩与胯合、肘与膝合、手与足合，这实际上是要求人体内在的心、意、气与外在的形即身体四肢的各个部位都达到相互协调，动作才能完美，才能塑造健康的体魄与完美人格，展现出运动的和谐之美。

五禽戏在运动方式上注重内外兼修，技术风格上讲究神形兼备，演练过程中所表现出的内外和谐、身心和谐、整体和谐以及优美的动作形态能给人以美的享受，运动的同时还可以体验传统文化的熏陶，激发人们自强不息的奋斗精神和振兴中华的爱国热情，使人的身体与道德品质和谐、同步发展。习练者在追求"形"与"神"和谐统一的同时，可以表现出不同的动作特点与技术风格，这样的表演才具有美感，才会使欣赏者产生美的体验和感受。

五禽戏表演水平较高时能达到一种出神入化的高超境界，表演者和观赏者从"物我两忘"的境界达到"物我统一"的境界，内心的潜能可以被充分地释放出来，使人内心感觉是自由的、舒畅的、平和的，达到"身"与"心"的和谐，"灵"与"智"的和谐。

第二节　内涵美

五禽戏蕴含着浓厚的民族传统文化色彩，是东方传统文明的缩影。五禽戏由中国传统文化孕育而生，受中国传统文化中哲学、养生学、美学等思想的熏陶，具有重要的审美价值，其中蕴含着中医、解剖、经络、五行等科学原理，是中国传统文化的精华。

五禽戏内涵丰富，机理深奥，是研究人的肢体运动与自然环境、社会环境的内在联系，强化人的意识对生命过程的掌控，自觉地使生命处于一种高度有序的整体状态，内外和谐，使人类的潜能得到充分发挥的健身养生功法。

在五禽戏运动中，人们不仅重视以身体结构为基础的动作、技术，也重视心理、思维活动的作用，重视主体的内涵修为。五禽戏具有和其他运动方式不同的内涵，它不仅能健身娱心、延年益寿，还是一种表演艺术，令人赏心悦目，给人以美的感受，陶冶人的情操，同时展示出特有的中华民族文化特色。

五禽戏这种内涵之美，不仅体现了传统文化中的健身养生思想和阴阳、五行、脏腑学说，又展示了中华民族传统文化的博大精深和厚重的历史积淀，其广博、包容、深邃、悠远之美感，历千年而不衰。

第三节　意境美

所谓"意境"，指的是主观思想与客观环境在审美过程中的统一，由形、神、意、气融合而成。五禽戏的独特之处就在于练习每戏前都要意想各禽的动作和神态，追求"心灵自由"之美。五禽戏中每一个动作画面都有其基本的意境，加上习练时的神韵、节奏，就能使习练者忘掉自我，脑海中呈现出"禽"的意境，全身心地融入动物的动作与神态中，忘掉周围的一切，脱离现实生活中的种种烦扰，摆脱世间利禄功名的萦绕，经历内心世界的洗礼与超脱，通过肢体运动产生的内在体验延伸到身体之外，就能产生身心合、上下合、天地合的整体意境，体验到无形世界——意境之美。

五禽戏的意境中凝结着自我欣赏和被欣赏的价值，使五禽戏艺术的本质及价值不仅显示了技术上的熟练，而且身心也处在浑然一新的轻松体验之中。正如优秀五禽戏运动员出神入化的动作演练，不仅其自身陶醉于其中，达到性命双修，同时也使观赏者魂飞神驰，悠然于美妙绝伦的艺术境界，灵魂为之陶醉，心灵得到美的洗礼。

习练五禽戏时模仿相应动物的神态，意会各禽的动作神韵就会实现意念的"转化"，道家"天地与我并生，万物与我为一"也正体现在这里，"昔者庄周梦为蝴蝶，栩栩然蝴蝶也，自喻适志与，不知周也，……周与蝴蝶，则必有分矣。此之谓物化。"（《庄子·齐物论》）就是说人一旦进入了"物化"的境界，"物""我"的界限就会消失，物就是我，我就是物，两者难以区分。

从心理学角度分析，心灵要想处于"自由"的状态，要想获得自由舒畅、精神愉悦的体验，就应在内心世界得到满足的同时，心理的各种欲望得到满足、郁闷得以宣泄以实现心理的平衡、心境的平和，这就是五禽戏的意境之美。

第四节 服饰美

服饰是一种艺术，是一种语言，它在满足人们基本需求和对美的追求中，已经升华为对艺术的展现和诠释。服饰的本质就是装扮，可以通过人的穿着打扮而使人产生形象的改变。服饰是五禽戏不可分割的一部分，在五禽戏的传播中具有举足轻重的地位。

由于东西方文化的差异、审美的差异，造成对体育运动服饰的看法也存在差异。中国传统观念认为，身体的裸露是丑陋的，女性身体的裸露更是不可以的，所以我国的传统服饰表现的是一种神秘的不可捉摸的美。这种审美观念下的中国传统服饰不仅做得宽松肥大，可以掩盖身体和身材，而且颈、肩、腿、臂等常动部位也要用服饰加以包裹，不允许裸露。从审美效果来看，传统服饰于含蓄矜持间拥有一种神秘、内敛的审美效果，庄重威严而又不失肃穆、稳重，这也正好符合我国传统体育项目神秘和注重内省的文化特征。

五禽戏作为我国传统体育项目之一，历经传统文化的浸润和洗礼，具有浓郁的民族气息，其服饰妆容也表现出这种民族特征。运动员在表演、比赛时，身着宽松合体、美轮美奂的精美服饰，在举手投足、悠然进退间，彰显出淡定飘逸的效果。

五禽戏服饰这种强烈的民族风格，也体现了我们民族的精神风貌，并在潜移默化中传播着中华民族的传统文化，引起全世界人们的好奇和关注。随着社会的进步、经济的发展，五禽戏走向世界的同时也应寻找到各民族、各地区人们审美的契合点，从而早日把原汁原味的中国文化呈献给世界。

第五节　配乐美

一首活泼、欢快的音乐能让人心情舒畅、精神振奋、情趣高涨；一首优美动听的乐曲能让人摆脱烦恼、畅志舒怀、心旷神怡。音乐在人的生理、心理方面能够产生显著效应。战国时期公孙尼子在《乐记》中记载："凡音之起，由人心生也。人心之动，物使之然也。"明朝的张景岳在《类经附翼》里有文："乐者音之所由生也。其本在人心之感于物。"意思就是说，音乐的产生首先在于人的内心所感受，而人的内心又操纵着人的神与志。

我国近年来开始大力弘扬民族传统体育，推广健身养生音乐，使得民族传统文化再续辉煌。2003 年全国推广普及健身气功五禽戏，在创编之始国家体育总局健身气功中心专家组就聘请音乐方面的专家结合具体的五禽动作进行配音，以使习练者在倾心习练时，随着自然音响、引导词和传统音乐的引导，进行形、神、意、气的练习，通过调身、调心、调息，使个体的身心得到调整，达到最佳状态，从而能全身心地投入"五禽戏"的活动中。

不仅如此，五禽戏中的呼吸和"唱歌"有一定相似，对于二者的联系，伊丽莎白·舒曼曾经说"唱歌就是呼吸"，声乐大师们一致同意在歌唱时要注重"慢""柔""深"的呼吸方法。五禽戏也具有"唱歌"的作用和功效，习练者在优美动听的音乐声中通过连贯、柔和、舒展的动作来体验虎、鹿、熊、猿、鸟的自然之"趣"，就像是用身体"唱歌"来再现五禽本能性情之"趣"，在强身健体、养生保健的同时感受音乐之美，以求延年益寿之功效。

五禽戏是在中国传统文化的滋养下诞生的，蕴含丰富的美学因素，是一项具有东方古典之美的艺术形式，凝聚了中华民族的智慧与心血。五禽戏动作讲究点、线、面的协调和统一，表演形式包容了体育、音乐、美术、戏剧、舞蹈中的各种美学因素，实现了身与心、灵与肉、人与自然的和谐统一，形成了自己独特的风格。五禽戏的美不仅体现在自身，还通过各种途径传递给观赏者，既能健身又能娱心，结合优美、雅致的意境，使观赏者感受到悠扬的气息和美的感受，这也正是五禽戏独特的、经久不衰的魅力所在。

在全国上下积极倡导"弘扬民族传统文化""非遗进校园"的今天，我们应积极努力挖掘五禽戏中的美学因素，将"美学"结合到五禽戏的实践应用中去，在传承发展五禽戏事业的同时，为中国传统文化的发展传播做出积极的贡献！希望更多人在锻炼身体的同时对五禽戏之美具有更深刻的感受，领悟传统文化，热爱传统文化，将我们中华民族传统文化发扬光大！

第七章　五禽戏的运动处方特质

第一节　五禽戏的运动目标

"神医"华佗在东汉时期创编了五禽戏，以通过体力活动干预措施达至健身娱心、益寿延年的目的。从中医的角度看，五禽戏中的每一种动物分别对应人体不同的内脏器官。虎属水主肾，有益肾强腰、壮骨生髓的作用，可以通督脉、去风邪；鹿属木主肝，能疏肝通气，舒展筋骨，通经络、行气血；熊属土主脾胃，可以调养五脏，健脾益胃；猿属火主心脏，可养心补脑，使人头脑灵活、体轻身健；鸟属金主肺，能调和呼吸，增强心肺功能及全身机能。正应了亳州当地的歌谣"虎练骨，鹿练筋，熊练脾胃，猿练心，鸟练皮毛，气贯周身"，就是说每一戏都可以使对应器官得到有效锻炼，全部习练可使身体机能全面提升。五禽戏的这些特点为开具不同的运动处方创造了条件。五禽戏的这些要素对科学设计与实施运动处方，促进人们更加科学、合理、高效、安全地参与体力活动一直发挥着重要的作用。华佗有两个弟子，一个是广陵人吴普，常练五禽之戏，年过90仍耳聪目明，牙齿完坚；另一个是彭城人樊阿，享寿百余岁。

总之，华佗从医学的视角创编了五禽戏，使虎、鹿、熊、猿、鸟五戏分别对应到五行、五脏。五禽戏可以使全身的各个关节、肌肉都得到锻炼，气血得以疏通，以祛病健身；其集导引、吐纳为一体，可有效地活动筋骨，舒缓瘀滞，增强体质，是中国传统养生功法的代表。针对不同病症的人群，可以开具经常单独练习某一戏的运动处方来调理相应器官系统的机能，所以说五禽戏的运动目标是提高人体器官系统的生理机能，益寿延年。

第二节 五禽戏的运动强度

有研究表明，健身气功五禽戏属于中等运动强度，习练者最大平均心率在 131 次/分左右，非常适宜于中老年人练习，对异常心电图的 ST–T 改变和 PR 间期延长、窦性心动过缓的影响较明显。五禽戏对安静时心率和每搏输出量的影响可以达到显著性水平（$P < 0.05$），对最大吸氧量（VO_2max）也有一定程度改善，说明五禽戏属中等强度有氧运动项目。五禽戏从心率和运动时间上可以判定为中小强度的有氧运动，也可以使骨骼、肌肉和关节都得到充分的锻炼。中高架五禽戏练习属中等强度运动，可有效改善中年男性 MS（metabolic syndrome，代谢综合征），促进其康复。五禽戏可以增加心肌收缩力，使心脏每搏量增加，安静和亚极量运动时降低心率，从而降低心肌耗氧，提高机体的氧利用率。小剂量五禽戏运动可以降低交感神经及肾素-血管紧张素-醛固酮系统的活动，改善心脏有氧运动。五禽戏对改善中年男性 MS 具有明显时间主效应，练习周期长短与各危险组分改善呈明显剂量反应关系。五禽戏运动量适中，适应中老年人群锻炼。从五禽戏健身操运动强度来看，属于中等运动强度的有氧运动，可以使周身血管舒张，对植物性神经进行调整，起到降血压的作用，它还可以降低血液黏稠度，加快血流速度，同时运动使肌肉收缩，增加静脉血回流量，从而增加心脑血管的血流量，促进心陈代谢。

以五禽戏、太极拳为代表的传统养生体育项目具有独特的文化内涵，在"治未病"和保健康复等方面有其他运动项目不可替代的积极作用。基于此，王会儒教授提出"传统养生体育＋医疗＋养老"的创新模式，以传统养生体育方法贯穿于老年慢病的预防、治疗及康复整个过程，尝试构建中国传统养生体育与老年慢病管理、养老相结合的健康干预新模式。可见，五禽戏基本属中低强度有氧运动，架势动作的高低又可以提供不同的运动强度，适合有不同运动需求的人群选用。

第三节　五禽戏的运动时间

孙红梅、钟亚平（2019）通过五禽戏对中年男性代谢综合征患者肠道菌群及其代谢产物的干预研究发现，五禽戏干预可显著优化中年男性 MS 患者和中年男性健康人群肠道菌群及其代谢产物，并呈现明显时间剂量效应。从运动时间维度看，健身气功五禽戏的音乐有 6 分钟和 14 分钟两种，并且分别都有口令版和无口令版。14 分钟的音乐，要求每式动作左右各 2 遍，锻炼效果较全面，动作到位后的锻炼效果非常显著，适宜大众每天锻炼健身使用；6 分钟的音乐，要求每式动作左右各 1 遍，用时较短，便于掌控，适宜比赛展示使用。两个时间的音乐分别都有口令版和无口令版，初学者和动作不熟练的习练者可以使用口令版；动作熟练者，尤其是展示、表演、比赛一般都是用无口令版的音乐，没有口令的干扰，更容易让人感受到五禽戏的意蕴和健身气功的美感。可见，五禽戏的运动时间有长有短，音乐有口令版和无口令版，便于不同层次习练者选用。如今在安徽亳州当地就有 100 多万人在坚持每天习练五禽戏，每天早晨和（或）傍晚习练一次，坚持每天习练，锻炼效果是非常显著的。在亳州当地有很多长寿老人，大都坚持习练五禽戏，亳州由此荣膺"中国长寿之乡"称号。

第四节　五禽戏的运动量

从"剂量-效应"关系的视角观察，五禽戏的"剂量"如何把控，这一点史书早有记载。《三国志·华佗传》有记载曰："人体欲得劳动，但不当使极尔。动摇则谷气得消，血脉流通，病不得生。譬犹户枢不朽是也。"就是说：人应当多运动，但不能过度、过量，经常运动能促进食物的消化吸收，血液流通也更加顺畅，从而减少疾病的发生。就像转动的门轴不会腐朽一样。"动"的作用是身体轻便，"谷气得消，血脉流通"，但"动"应当有度，其"度"就是"不当使极"。"极"就是"顶端、最高、尽头"的意思，"使极"就是运动量、运动强度达到最高、超越极限。极限强度和运动量的训练，当代尤以竞技体育运动为代表，可以使选手在运动场上取得好成绩，但是同时也会对人体带来伤害，高水平运动员的伤病问题一直是竞技体育领域普遍存在的现象。华佗倡导大家习练五禽戏，同时提出"不当使极"，就是说不能过度运动。从现代体育学的角度理解，运动极限可以包括运动量和运动强度两个方面，前文对五禽戏的运动强度已作描述，所以这个"极"应该就是指运动量，要求大家要经常习练五禽戏，但是"美味不可多餐"，习练五禽戏也要适当，不能练习过久，"过犹不及"。华佗这一理念和今天倡导的"适量运动"是不谋而合的，都是要求运动要适宜，不要过量、过度运动，否则就会带来身体伤害。由五禽戏的运动时间和架势高低的不同可以产生不同的运动量，不同健身需求的习练者要合理掌控，适量运动。这一具有科学性、前瞻性的超前预测，足以证明华佗等古人对于运动量控制的科学预判，展现了中华儿女的聪明才智和远见卓识。

第五节　五禽戏的运动方式

五禽戏中的"戏"在古代是指歌舞杂技之类的活动，这里指特殊的运动方式，它是一种动静兼备、刚柔并济、内外兼修的仿生功法，最大特点就是"三调合一"，即"调身、调息、调心"。

一、调身

身就是身体的形态和姿势，要求形正体松。五禽戏的动作源于虎、鹿、熊、猿、鸟的动作，根据每种动物的运动特征而创设，对人体都具有不同的锻炼价值。五禽戏的具体动作包含前俯、后仰、侧屈、转体、旋转、起落、开合等，动作姿态形象逼真，如行云流水般连贯舒缓，能有效锻炼身体各部位的关节、肌肉、韧带，而且每一戏都对应一种脏器，对人体的内部器官能产生良好的健康效应。五禽戏都是左势加右势的对称性动作，要求"对称习练，切忌偏倚"，就是要使人体的左侧和右侧都得到锻炼，提高身体健康水平的同时锻炼身体协调性；还要注意刚与柔、快与慢、静与动、松与紧以及上与下、开与合、屈与伸、俯与仰、虚与实、起与伏、内与外的阴阳对应，做到"刚柔相济，快慢相兼""静动松紧，辩证关系"。五禽戏的覆盖面很宽，根据习练者的不同身体条件可以调整要求，例如虎扑的屈膝下蹲动作，年轻力壮的习练者要求蹲得较低，以便于更好地锻炼下肢；年老体弱的习练者就要降低要求，适可而止。谷磊、刘毅（2021）对老年女性进行新编五禽戏练习24周后的调查发现，两组腰椎L2~4、大转子、Ward三角和股骨颈身体质量指数均有不同程度增加。所以，针对习练者的不同年龄、性别、职业及不同身体素质条件，五禽戏都可以有的放矢，开具有针对性的健身运动处方，这和"运动是良医"的理念是基本一致的。"运动是良医"的研究者们一直在探讨体力活动与某些特定健康效益的精确的剂量-效应关系，针对不同的个体特征开具不同的运动处方，以求积极健康效应的最大化和消极健康效应或风险的最小化。五禽戏的可操作性较强，对不同个体特征的习练者可采取不同方式方法，且场地的要求不高，随便一块面积不大的平地就可以促进人们高效、安全地强身健体。

二、调息

息就是气息、呼吸，要求细匀深长。正常呼吸的形式有自然呼吸、腹式呼吸、逆腹式呼吸、提肛呼吸等，习练者可根据五禽戏动作、姿势的变化或劲力要求而选用。习练五禽戏之前就要身体放松、情绪安宁，然后调匀呼吸，通过有意识的调整来改变呼吸节奏，对散乱的心绪进行调整，使心绪和宁。当习练者的思想意识专注于肢体的运动方式和要求时，人体的呼吸系统要同步配合才能顺利完成，所以在动作的升降开合变化时，习练者要主动调整呼吸的频度、节律、深度等，最终达到动作与呼吸的协调配合，使身体的肌肉、骨骼和内脏均衡锻炼、全面发展。动作与呼吸的协调配合是五禽戏锻炼的关键环节，在动作正确之后极为重要，调息的过程就是从无意识呼吸到有意识呼吸的转变，使呼吸的方式向"深、长、细、匀、缓、静"方向发展；然后再从有意识的锻炼到无意识的"自动化"动作提升。具体要求就是先吸后呼，起吸落呼，开吸合呼，蓄吸发呼。要注意的是，在不同的时节、不同的地域，针对不同年龄、性别、身体素质水平的人群，要因时、因地、因人而异。习练五禽戏时尽量采用细匀深长的逆腹式呼吸，会达至更好的健身养生效果。只有达到呼吸顺畅、气贯神注的平和境界，五禽戏才能发挥最大的强身健体、安神养心、祛病延年的作用。有实验数据显示，陈毓雯、管慧芸（2019）对肿瘤科肺癌病人60例进行五禽戏之鸟戏锻炼，发现五禽戏之鸟戏锻炼有助于改善肺癌病人症状，提高病人生活质量。

三、调心

心就是心智、情绪和精神状态，要求凝神定志，思想意识要专注。习练五禽戏时都要模仿相应动物的动作和神态，要将虎的威猛、鹿的安详、熊的沉稳、猿的敏捷、鸟的飘逸融入习练时的心理状态。习练每一戏时都要意守一定的部位，虎举意念集于爪，鹿抵意念注于臂，熊晃意念灌于腰，猿摘意念拢于勾，鸟伸意念聚于脊。进行每戏练习中，将意念与动作相结合，才能体现动作的神韵。习练者要自觉主动地调整自己的精神意识、思维活动，以使人在习练过程保持健康的心理活动，情绪稳定、意识坚定。习练每戏时，要逐步体悟"五禽"的意境，模仿不同动物的动作和神态。练"虎戏"时，要意想自己是深山中猛虎，伸展肢体，抓捕猎物；练"鹿戏"时，要意想自己是原野上的梅花鹿，众鹿戏抵，伸足迈步；练"熊戏"时，要意想自己是山林中的黑熊，转腰运腹，自由慢行；练"猿戏"时，要意想自己是置身于花果山中的灵猴，活泼灵巧，摘桃献果；练"鸟戏"时，要意想自己是江边仙鹤，抻筋拔骨，展翅翱翔。意随形动，气随意行，意、气、形合一，进而达到疏通经络、调节气血的目的。程香、王冬梅等对大学生志愿者58人进行五禽戏干预轻度抑郁症的效果及其对前额叶和海马氢质子磁共振波谱的影响研究发现，健身气功五禽戏锻炼，可以降低轻度抑郁症患者抑郁量表得分，对前额叶和海马代谢指标NAA/Cr、Cho/Cr等也有一定改善作用。

调形、调息、调神三者是相互联系、密不可分的。调形是调息和调心的基础，调息是贯穿始终的重要环节，而调心则是最终的目的。形不正则气不顺，气不顺则意不宁，习练中须以意引气，气贯全身，以气养神，气血通畅，三者有机整合，才能使机体内顺外达、健身娱心。由此可见，五禽戏的运动方式多样全面，动作内容丰富，彰显了我国古人的学识、智慧和对科学健身的独特见解。

第六节　五禽戏的运动效果

大量科学实验证明"适量运动"有益于各类人群的健康。华佗在一千八百多年前所提出的习练五禽戏之后"沾濡汗出""因上著粉""身体轻快，腹中欲食"这一论断，和现代"适量运动"理念是殊途同归的。传统中医认为出汗可以起到通畅、宣泄的作用，西医认为通过运动主动出汗能加快人体的体液循环和代谢过程，将体内堆积的乳酸、尿素、氨等毒素排出，还能保障鼻子、皮肤、肺脏、大肠这一系统畅通，扩张毛细血管，加速血液循环，增加血管壁弹性。中医学上有"汗法"，就是用内服发散性药物的方法来使人出汗以祛风邪。如果风邪侵入不深，采用运动导引的方法达到出汗的目的也是可以的。华佗说"沾濡汗出"，用的就是汗法。根据笔者多年习练、教授五禽戏的经验，练习一遍之后，身体都会微微出汗。无论什么时间来到亳州当地的晨、晚练点，大家都能看到很多人在开心愉悦地练习五禽戏,汗水浸透了衣衫。随着现代文明病的出现和不良生活方式的影响,正气不足的人群如果能经常通过运动做到出汗,就能祛风散邪、强筋健体。这一点在《中藏经》（托名为华佗所撰）中有所应证,书中提道:"导引则可以逐客邪于关节,按摩则可以驱浮淫于肌肉","宜导引而不导引,则使人邪侵关节,固结难通,宜按摩而不按摩,则使人淫随肌肉,久留不消",可见华佗创编五禽戏有其明显的防病健身意图。"因上著粉",就是面色红润,像擦过胭脂粉一样,说明血液循环得到加强。"身体轻快"指习练五禽戏之后身体感到轻快舒适,说明身体各部分器官系统的机能得到改善,达到非常和谐顺畅的状态。"腹中欲食"就是说身体的能量被消耗,有想吃东西的生理反应,说明消化系统运行顺畅,需要补充能量。这些充分说明五禽戏的运动效果显著,使人体各器官系统的机能得到了改善。

第八章　五禽戏的育人功能

第一节　育　德

五禽戏汇集了中华文化的精髓，彰显了中华民族精神，具有传承民族精神、弘扬民族文化、树立文化自信、培养审美情操的育德功能。

一、传承民族精神

中华文化源远流长，五禽戏从起源发展到现在，经过世代传承和凝结，汇集了中华文化的精髓，彰显了中华民族精神，俨然是一种优秀的教育资源，在课程思政中可以发挥巨大作用。在教学讲解过程中，从华佗的医者仁心，到吴普、樊阿的"寿百岁余"等故事，可以使学生了解五禽戏文化的历史发展和五禽戏益寿延年的健身功效，将这种民族精神和传统文化有意识地传播给学生，可以激发学生对传统文化的兴趣爱好。学生在学习五禽戏过程中，不仅能提高个人修养，还能增强社会责任感，实现五禽戏"知识传授"和"价值引领"的完美融合。挖掘五禽戏蕴含的课程思政元素，对于发挥五禽戏在课程思政建设中的价值引领作用具有重要的现实意义。

五禽戏作为我国优秀的传统文化和体育项目，是全民健身的重要组成部分，正面临着新的发展机遇与挑战。例如，五禽戏在改善呼吸系统疾病、心脑血管疾病，提高平衡能力，治疗帕金森和抑郁症等方面具有很高的临床价值。在抗击新冠感染期间，五禽戏等传统体育项目发挥了非常重要的健康促进作用，有效地助力健康中国建设。因此，学习五禽戏不仅让学生切实了解五禽戏的社会价值，还能够增强学生的自豪感和社会责任感。

二、弘扬民族文化

五禽戏是中华民族优秀的文化瑰宝，拥有悠久的历史和丰厚的文化底蕴，其发生、发展过程是人类文明、人类文化不断发展的过程。五禽戏不仅具有强身和技击的功能，还是传统哲学、养生文化、保健文化、中医文化、体育文化等多种文化形式的集合体。认识、了解五禽戏，对于更好地传承中华民族传统文化具有重要的理论和现实意义。五禽戏根植于中国传统文化之中，是中华民族传统文化的重要载体，在传承民族文化方面具有得天独厚的优势。五禽戏作为非物质文化遗产在民间活态流传，有助于人们更加真实、全面地认识历史文化，因此保护五禽戏的文化多样性在当今社会具有重要意义。

学校五禽戏教学应契合思政教育的需求，发掘五禽戏文化中内含的"正能量"内容，深挖民族精神和爱国精神元素，并进行整合施教，以发挥五禽戏的育人功能，为学生树立正确的人生观、价值观提供指导。使学生在学习五禽戏技艺、强身健体的同时又能促进学生核心价值观的形成，这正是五禽戏思政教育的最好体现。

三、树立文化自信

只有坚定文化自信，践行文化自信，中华民族才能获得坚持坚守的从容，焕发创新创造的活力。

五禽戏源于安徽亳州，历1800余年而盛行不衰，是当地人民在长期的处理自己身心和环境种种关系的社会变迁过程中孕育而生。作为中国传统文化的载体，五禽戏蕴含着丰富的育人元素。对于五禽戏起源和发展的讲解过程，就是培养学生热爱民族文化、形成文化自信的过程。五禽戏蕴含着深刻而丰富的哲学思想，其中的"阴阳""五行""脏腑""气血"理论，可以理解为宇宙万物普遍运动发展变化的法则，它本身包含着对立统一的哲学规律。习练五禽戏讲究"刚柔并济""形神兼备""天人合一""内外兼修"，是源于大自然的"绿色""原生态"功法，其本质上强调要与自然和谐相处，这是中国传统哲学中关于天人关系的重要观点和根本思想。

五禽戏是在亳州这片良好的生态环境、优越的自然环境中，集自然之精气、凝天地之精华应运而生，指导人们保养生命、休养生息。华佗五禽戏是源于生态自然，应用于自然人的"绿色""原生态"健身养生功法。五禽戏教学过程就是提高身体素质和掌握五禽戏技术的过程，同时还能了解我国优秀传统文化，产生民族自豪感，促进大学生的文化自信。这种契合社会主义核心价值观的思政教育，不仅有利于青少年学生的身心健康发展，提升学生的文化自信，更有利于加快社会主义和谐社会建设的进程。

四、培养审美情操

教育需要审美，教育审美化不仅有助于学生们的灵魂得以净化与熏陶，也有助于学生各方面相应能力的提升，从而实现教育活动向着审美活动进行转化与融合，促进师生身心愉悦和健康发展。

五禽戏取材于虎、鹿、熊、猿、鸟的动作和神态，按照一定的场景有机组合起来，各动作之间进行合理、精妙的搭配和安排，显示出了生机勃勃的魅力。五禽戏动作很多，有各种手、眼、身、步以及形、神、意、气的变化与统一等，这些动作的配合与变换，都体现了运动之美。有些动作刚劲有力，可使人心情激动，情绪高昂；有些动作柔和舒缓，可使人心境平和，情绪轻松，这样刚柔并济、形式多样的动作给人以美的感受和体验是不同的。五禽戏具有和其他运动方式不同的内涵，它不仅能健身娱心、延年益寿，还是一种表演艺术，可以给人以美的感受，于潜移默化中陶冶人的情操，同时展示出特有的中华民族文化特色。习练五禽戏时模仿相应动物的神态，意会各禽的动作神韵就会实现意念的"转化"，道家"天地与我共生，万物与我为一"也正体现在这里，"昔者庄周梦为蝴蝶，栩栩然蝴蝶也，自喻适志与，不知周也，……周与蝴蝶，则必有分矣。此之谓物化。"五禽戏的美不仅体现在自身，还通过各种途径传递给观赏者，在锻炼身体的同时，使观赏者体验到回归自然、身心和谐的感受，这也正是五禽戏历经近两千年而经久不衰的归因吧。

第二节　育　智

　　五禽戏是中华民族的智慧结晶，可以作为当代智育的蓝本之一。五禽戏是华佗在参照古人"导引术"的基础上，以模仿虎、鹿、熊、猿、鸟的代表性动作及神态为主要形式，以人体脏腑、经络和气血运行等理论为支撑，经过不断地实践、总结、整理与完善而形成的一种具有健身养生、延年益寿功效的功法。无论五禽戏的取材、产生，还是发展历程，抑或当代的传承与发展，都凝聚着以华佗为代表的劳动人民的心血，饱含了勤劳大众的汗水和智慧，兼收并蓄了中华民族勤奋务实、善思进取的价值理念，是当地人智慧的结晶。在课程教学中对学生进行五禽戏教育，可以提高课程的趣味性，启发学生的思维模式，帮助学生树立正确的世界观、人生观、价值观和健康观。

一、培养健康观念

　　健康的身体是人从事一切活动的物质基础，是人民对美好生活向往的基础。课程教学中正确的健康观念教育，对广大青少年的未来发展至关重要。华佗是一名医生，它对健康有着独到的见解。在创编五禽戏时，华佗依据《黄帝内经》五行归类法，甄选了虎、鹿、熊、猿、鸟五种动物与五行相对应，汲取中医养生保健理论和哲学中的阴阳五行学说，遵循"五行化生万物"的思想，结合脏腑、经络、气血运行理论，使五禽对应人体的五脏，每一禽戏都有相应的五行络属，主一脏之调养，不仅能舒筋壮骨，还可以提高内脏器官系统机能，以达到强身健体、益寿延年之目的。五禽戏的动作结构、形式、方法及理论基础和亳州这块土地是分不开的，当地的自然环境、人文环境、社会环境都会对五禽戏的产生和发展带来影响。从理论的视角来说，五禽戏是五行养生理念的外显方式之精华，体现了区域民众的健身养生观念，彰显了劳动人民的智慧。

华佗从健康的视角出发，充分发挥他的医学认知，将"五禽"与"五脏""五行"密切关联起来。"五禽"与"五脏""五行"的对应关系如下：虎属水主肾，模仿扑动前肢、探爪捕物、鼓动周身等动作，能加强肾脏的锻炼，有益肾强腰、壮骨生髓的作用，可以通督脉、去风邪；鹿属木主肝，模仿鹿的引挽肢体、转颈运间等动作，能疏肝通气，鹿戏的善运尾闾可以引气营于周身、舒展筋骨，通经络、行气血；熊属土主脾胃，模仿熊的沉稳晃体、抓击抗靠等动作，可以调养五脏，使人头脑虚静、意气相合、真气贯通，有健脾益胃之功；猿属火主心脏，模仿猿的闪转腾挪、上蹿下跳，可以使人身体灵活、步履轻盈，猿戏养心补脑，使人头脑灵活，强化记忆，达到心绪清宁、体轻身健的目的；鸟属金主肺，模仿鸟的展翅轻翔、戏水扑地等动作，能调和呼吸，疏通经络，增强心肺功能及全身机能。这些优秀的地方性知识衍生了"五禽"与五脏、五行辩证统一的对应、协调关系，完美地应用于五禽戏之中，造就了这一国家级非物质文化遗产。正确认识五禽戏的健康理念，可以有效地帮助广大青少年树立健康观念。

二、培育辩证思维

华佗是道家始祖老子的同乡，受道家辩证思维的影响，华佗从整体性和相互关系的角度出发，科学有效地阐释了人体脏腑、经络的组织结构、生理机能及其辩证统一的相互关系，使内脏器官可以更好地与人体经络系统相互络属，促进生命机体的健康运行，以改善人体的生理机能，提高生命健康质量。无论是中医保健理论、阴阳五行学说，还是《黄帝内经》中的五行归类法，这些都属于中华民族传统文化的范畴，完美地契合了辩证统一的哲学思想。

五禽戏的每一戏可主一脏之调养，全部练习可以锻炼全部身心，使人内外兼修、形神俱养，五禽戏的每一招、每一式都能够统一到健身娱心这个整体论思想中。

华佗五禽戏训诫要求"形神意气，天人合一"，习练时要求形、神、意、气相合，以意领气，以气导劲，气贯周身。手、眼、身、气配合，上肢、下肢、躯干协调，每个动作做到形、神、意、气四结合。华佗认为，人是自然界的一部分，更是与自然、社会和他人构成一个整体。他强调人与客观环境是统一的整体，把人看作是天地自然之气的演化产物，由此来说明人与天地自然应不可分割地紧密联系在一起。人必须认识自然、顺应自然，以适应自然、改造自然，华佗就是根据个体的实际情况合理地利用自然进行调摄，以求健康长寿。

华佗五禽戏习练要诀要求"静动松紧，辩证关系"，就是说要注意习练时静与动、松与紧，动作的快与慢、高与低、起与落、开与合、升与降的辩证关系，这些都要统一到"五禽戏"这个整体中。传统的华佗五禽戏由100多个动作组成，对身体的锻炼比较全面，其动作是多方面、多角度、多功能的，效果是辩证统一的，可以有效地提高有机体的健康水平，从而调养身心。华佗五禽戏的习练要讲究形、神、意、气的结合，先练形，即基本动作要符合技术要求；再练神，即眼神、表情等神态；再练意，即意念的控制，习练每一戏都要从意念上模仿相应的动物；最后练气，五禽戏属动气功，要运气、行气、导气。习练过程中要从实际出发，做到形神兼备，内外统一，经脉畅通，脏腑协调，实现整体的平衡状态，进而增进机体健康。

三、践行自然规律

五禽戏是源于大自然的"绿色""原生态"仿生导引功法，所以华佗的中医养生理念比较重视人与自然之间的相互关系，注重人体脏腑、经络、气血、津液之间的相互联系和"形"与"神"之间的相互作用。

华佗的同乡老子提倡"道法自然"，受其影响，华佗在五禽戏养生总要中说"起居有常，饮食有节；生活有序，顺应四季"，就是说起居作息要有常，饮食要有节制，不要暴饮暴食，要遵循生活规律，顺应天时四季的变化。人体疾病的发生，是与自然界息息相关的，只有掌握自然规律，在日常生活中顺应天时变化，效法自然，顺乎天理，作息有常，求得人与自然和社会的平衡，才是强身健体、延年益寿的关键。随着现代"文明病"的出现，亚健康人群的增多，人们越来越深刻地认识到，最好的生活方式是日出而作、日落而息，随着自然天候的变化而变化，白天工作，晚上睡眠，"自然的，才是健康的"，五禽戏就是现代人实事求是，践行自然理念的"绿色"功法。

第三节　育　体

五禽戏是中华民族聪明才智与养生理念的完美结合，强调外动内静、动中求静、动静兼备、刚柔并济，注重天人合一、内外兼修，在锻炼时要求身心放松、专注意守。五禽戏蕴含着深邃厚重的历史文化，是独具中华民族特色的传统体育项目。

一、健身娱心、全面健康

完全人格，首在体育。五禽戏作为学校体育教育的重要内容，是培养学生身体健康的重要手段，对实现"健康第一"的学校体育目标，培养合格的社会主义建设者和接班人具有重要意义。

五禽戏动作形式多样，学生通过练习，可以增强身体肌肉力量，提高身体柔韧性、灵活性、协调性，不仅能强壮身体，调节身体机能的平衡，提高习练者身体素质，而且还能使内脏得到充分的按摩，改善神经系统及心肺功能，达到强外又健内的效果。

通过五禽戏教学，在促进学生身体素质增强的同时，还能使不良情绪得到宣泄，如每次练习前要求学生练习身体放松、呼吸调匀，平稳情绪，使人心、意、气、形、神和谐自然，并将这种消除压力的简易方法用于平时的生活和学习，可以显著增强学生心理素质，缓解紧张情绪，促进身心健康发展。

二、持之以恒、适量运动

据《三国志·华佗传》记载："佗语普曰，人体欲得劳动，但不当使其极耳；动摇则谷气得消，血脉流通，病不得生，譬犹户枢不朽是也；是以古之仙者为导引之事，熊经鸱顾，引挽腰体，动诸关节，以求难老。"华佗在这里提出了"人体欲得劳动"这一体育思想，他认为，运动可以锻炼肢体，使人气血畅通，增强体质，益寿延年。同时华佗也指出，人体应该运动，但是不宜过量。门轴转动启示了华佗，使他联想到"流水不腐，户枢不蠹"的道理，他认为，动则身强，运动可以"畅其积郁，舒其筋骨，活其血脉，化其乖暴，缓其急躁"。华佗这一思想和当代"终身体育"理念是不谋而合的，这说明早在东汉时期，我们中国人就已经意识到人要经常参加体育运动才能保持健康。

第九章　五禽戏的传承发展

国家级非物质文化遗产——华佗五禽戏是我们中华民族宝贵的历史文化资源，是在长期的社会实践活动中积淀、发展而来的，有着悠久的历史渊源和深厚的文化思想内涵，但是近年来受全球一体化趋势的影响，尤其外来文化的流入使中华民族传统文化不断受到冲击，我国传统历史文化的保护与传承已经到了一个非常严重、危急的时期，必须引起政府部门和广大民众的重视。

2023 年 6 月 2 日，习近平总书记在文化传承发展座谈会上讲话时强调，"中国文化源远流长，中华文明博大精深。只有全面深入了解中华文明的历史，才能更有效地推动中华优秀传统文化创造性转化、创新性发展，更有力地推进中国特色社会主义文化建设"。在主持中共中央政治局第十七次集体学习时，习近平总书记指出，"要在创造性转化和创新性发展中赓续中华文脉。高扬中华民族的文化主体性，把历经沧桑留下的中华文明瑰宝呵护好、弘扬好、发展好"，要"深入挖掘和阐发中华优秀传统文化的精神内涵，用马克思主义激活中华传统文化中的优秀因子并赋予其新的时代内涵，发展新时代中国特色社会主义文化"。

中华优秀传统文化是中华民族的"根"和"魂"，积淀着中华民族最深层的精神追求，是传承性与发展性、民族性与世界性、包容性与鲜活性辩证统一的有机整体。传承和弘扬中华优秀传统文化，要以习近平文化思想为指引，聚焦社会主义文化强国建设，激发全民族文化创新创造活力，推动中华优秀传统文化创造性转化、创新性发展，更好担负起新的文化使命。

党的二十大开启了以中国式现代化全面推进中华民族伟大复兴的新征程，将体育强国建设置于社会主义现代化强国建设的第一方阵，要求在2035年完成体育强国建设。站在新的历史起点，华佗五禽戏既是传统文化中的国家级非物质文化遗产，又是一种简便易行的健身方式，如何更好地保护、传承、弘扬与发展五禽戏，是摆在我们面前一项非常紧迫而又艰巨的伟大任务。

第一节　发展策略

策略一般是指宏观的可以实现预定目标的方案集合，或者根据形势发展而制定的行动方针和斗争方法。结合华佗五禽戏的实际状况，可以采取以下发展策略。

一、继承与创新相结合

华佗五禽戏作为国家宝贵的历史文化资源不能墨守成规，不能违背社会的发展规律，更不能与时代的发展逆势而行。其以前传统的师徒口授相传的传承模式应该进行改变，应当随着时代的发展，从自身的实际特点出发，不断吸收新鲜血液，进行现代化的拓展。无论是功法理论、动作内容，还是传承模式，都应该用现代化的理论进行武装，适当拓展，以顺应时代的变革和社会的需求。

华佗五禽戏要发展就必须要与现代社会相融合。作为中华民族优秀的传统文化，五禽戏的文化价值观应当与现代社会的文化价值观相对接，才能使传统的文化基因更好地延续。随着社会的发展繁荣，人们的价值观在不断地发生变化，审美眼光、健身需求、文化品位都在改变，这也决定了华佗五禽戏要适时进行拓展，走与时代相结合的发展途径，这样才能满足现代社会人们的需求。五禽戏的继承与创新相结合，既是对传统文化的保护与弘扬，也是适应现代需求的必然选择。通过保留传统精髓、融入现代元素、创新传播方式，五禽戏可以在现代社会中焕发新活力，成为促进人们健康、传承社会文化的重要载体。

二、从学校深入社会

五禽戏的传承与创新相结合，既是对传统文化的保护与弘扬，也是适应时代需求的必然选择。

通过保留传统精髓，融入现代元素，创新传播方式，五禽戏可以在现代社会中焕发新活力，成为促进健康、传承文化的重要载体。

学校教育在传承发展华佗五禽戏方面具有得天独厚的优越条件，是传承华佗五禽戏不可缺少的重要部分。

通过各级学校来传承华佗五禽戏具有两方面的优势，首先是在人员数量上。相关资料显示，当前我国有 3 亿多学生，大约占人口总数的 1/4。其次是学校传承五禽戏具有稳定性的特点，而且在师资、人员上都能提供充分的保证，这些都是在社会上传承华佗五禽戏所无法比拟的优越条件。让华佗五禽戏走进校园，与学校教育相结合，进入学校教育体系，可以更好地保护华佗五禽戏的文化本质，还可以丰富五禽戏的理论体系，对华佗五禽戏的进一步发展具有重要的理论意义和现实意义。

学校可以把华佗五禽戏列为教学内容、活动内容，可以从小学开始实施，让孩子们从九年义务教育阶段就接受我国传统文化的熏陶，了解五禽戏、认识五禽戏。学生们对五禽戏的练习持续到高中、大学，经过多年的切身体验，其对华佗五禽戏的知识理论、动作技能都必然会有深入的理解和掌握。孩子们在一天天地成长，当一代又一代的学生毕业后走出校门，融入社会，习练五禽戏就自然地随之一同进入社会中，成为社会人群生活的一种习惯，并带动、影响更多人了解、认识、习练五禽戏。

三、寻求政府对华佗五禽戏的保护与扶持

弘扬传统文化是我们中华儿女的光荣使命，也是近年来各级政府所大

力提倡的，华佗五禽戏的传承与发展也不例外。

政府是社会的核心，政府的支持可以给华佗五禽戏的传承与发展起到导向的作用。个人的力量是有限的，团体的力量也是有限的，只要得到政府的重视，那么政策的支持、宣传媒体的支持、经济的支持都会接踵而来。现在，在五禽戏的发源地亳州，当地政府非常重视五禽戏的传承、普及与发展工作，把发扬五禽戏当作一件大事来做。政府积极采取了一系列有效措施，各方面通力合作对华佗五禽戏给予人力、物力以及财力的支持，从而使华佗五禽戏能够得到更好的传承与发展。

四、立足于本土，放眼全球

华佗五禽戏是中华传统文化和世界优秀文化的一部分，只有按照自己的道路发展才是最适宜、最有特色的。华佗五禽戏立足于本土文化之中，服务于地方社会发展，使其逐渐成为中华民族传统文化中一颗璀璨的明珠，并通过国际交流与传播，五禽戏的影响传到国外，可以服务于整个人类社会。

第二节　发展途径

途径一般指具体解决问题的方法或路子。结合华佗五禽戏的实际情况，可以采用以下几种途径。

一、利用现代媒体，做好宣传工作

当前我国正处于文化大发展、大繁荣的时期，要弘扬我们的传统文化，发展好华佗五禽戏，首先就要让更多人知道、了解五禽戏，所以做好舆论宣传是首要工作。

随着社会的进步，人们生活水平逐年提高，电视、电脑、网络等现代化传播媒体已经成为文化传播和发展的重要方式。作为传统文化的华佗五禽戏，如果还是因循守旧，在相对封闭的小范围内采取原始的口传身教的传播方式，当然是不适宜的。

要传承华佗五禽戏，拓宽华佗五禽戏的传播渠道，改变华佗五禽戏现有的传播途径与方式，不仅要依托新闻、报纸、网络、光碟等现代传媒技术手段，还可以开设华佗五禽戏内容的广播电视频段、频道，以及抖音、短视频等，这样可以更好地展示华佗五禽戏，让大众能够从更多渠道认识华佗五禽戏，有更多的途径了解华佗五禽戏、学习华佗五禽戏。例如，竞技体育之所以能在短短的几十年里飞速发展起来，除了有政策上的支持外，跟众多媒体的宣传与推广都是有很大关系的，因为竞技体育的比赛、活动，在正式开始之前都会通过电视、网络、广播、报纸等媒体大量宣传，营造声势，从而广为人知。

在华佗五禽戏的发源地——亳州，近年来在宣传推广华佗五禽戏方面也做了大量的工作，但是在亳州以外的地方，宣传力度就要小得多了，这对于弘扬我们的优秀传统文化来说还是远远不够的。要弘扬华佗五禽戏就要营造五禽戏保护、传承、发展的有利环境、氛围，充分利用舆论的导向作用，广泛开展华佗五禽戏的保护、宣传、推广以及普及工作，将其打造成亳州地区的文化品牌。同时还要举办各种不同规格的会议、比赛、研讨、交流等活动，达到合作交流、推广普及、传承保护、促进发展的目的。

二、发挥华佗五禽戏的商业功能，开发历史文化旅游产业

华佗五禽戏作为国家级非物质文化遗产，具有丰富的文化内涵，涵盖了华佗五禽戏的历史渊源、文化内涵、养生机理、功法理论等。与华佗五禽戏有关的历史人物、传奇故事、旅游景点，五禽戏表演时用的衣服、鞋子、器材、饰品，与华佗五禽戏有关的品牌、商标、图标、域名，以及发展华佗五禽戏的人力资源等，构成了一个庞大的网络，如果我们能把每一个切入点做好了，就可以开发出一条产业经济链，在举办各种竞赛、活动

的同时可以带动相关的餐饮、交通、住宿等产业的发展。例如，河南省焦作市在太极文化的引领下，从黑色（煤炭）经济向绿色（旅游）经济进行成功转型，被全国同行广泛称赞为"焦作现象"。这就是一个成功开发的优秀范例，华佗五禽戏可以借鉴参考。

三、培养代表性的传承人

华佗五禽戏历史悠久，历经 1800 多年的传承，但是和其他一些非遗项目一样，一直都是处于自然发展的状态，通过师父和徒弟间口传心授的方式进行传承，选择传承人的时候还会有人数限制，造成了传承人数减少的局面。同时受到传承人文化水平的限制，许多精华的东西缺少文字记载，导致流失甚至失传。

华佗五禽戏作为"活态"传承的非物质文化遗产，传承人是其发展延续的先决条件和关键力量，没有传承人，一切都是空谈。当今武术被列为学校的必修课，可能有人认为全国上下那么多人习练武术，不存在缺乏传承人的问题，但是，在众多习练者中真正花大量的时间与精力去把武术练好练精，真正钻研武术的能有几人呢？五禽戏的现实传承状况还不如武术，在五禽戏习练者中有几个能较完整地传承华佗五禽戏的理论与技能，又有几人能真正领略其文化内涵？答案不言自明，当前五禽戏的确很缺乏优秀的传承人。

随着全球一体化格局对传统文化的冲击，使得华佗五禽戏等非物质文化遗产本来就不乐观的生存条件和社会环境亦遭受很大影响。尤其是青年一代对华佗五禽戏等文化遗产的态度，正经历着从淡漠转向冷漠的过程，再加上华佗五禽戏自身的一些限制，导致其发展受到阻碍甚至断层。所以要加强对华佗五禽戏传承人群尤其是青年一代的传统民族文化的熏陶，提高社会大众对华佗五禽戏文化的求知欲与探索欲，激发他们的民族自豪感，进而从中培养有代表性的传承人。

为此建议在一些大型的活动中，将华佗五禽戏的精华展示出来，带动更多人欣赏五禽戏、习练五禽戏、热爱五禽戏，使华佗五禽戏的传承由点到线、由线到面，最终在全社会结成一张华佗五禽戏的传承网络。

总之，华佗五禽戏的传承人是五禽戏得以保护、传承、发展的关键因素，他们不仅承担着把精湛的技艺技能传给后人的艰巨任务，还承载着传承悠久文化传统的伟大使命，因此要十分重视传承人的培养。

四、编写地方特色的华佗五禽戏教材

从亳州地区开展"五禽戏进校园"情况来看，孩子们对五禽戏这样的传统体育项目还是认可的，这说明华佗五禽戏在学校体育教育中有着深入开展的广阔前景。但是大部分学校缺少华佗五禽戏理论体系的构建，在学校教学中缺少教材，这就制约着这项活动的开展，所以相关教育科研机构要加强对华佗五禽戏的挖掘、整理、研究工作，结合当地实际情况，编写具有地方特色、民族特色的，适宜学生身心发展的华佗五禽戏教材。

要发展华佗五禽戏，教材中不仅要保持华佗五禽戏原有的传统特色和文化内涵，还要结合现代的新生元素，对其进行现代化的拓展与创新。例如，在表演动作的介绍中，要做到花样繁多，动作组合、队形变换要融入时代流行图案、图形，或带有现代意寓的主题画面，以提高观赏性。

综上所述，华佗五禽戏是我国宝贵的文化遗产，具有厚重的历史积淀和文化内涵，对弘扬民族文化、振奋民族精神、丰富百姓业余文化生活、构建和谐社会具有重要的作用和深远的意义。传统华佗五禽戏与国家推广的健身气功五禽戏在传播中要互相促进、协调发展，以满足不同人群的健身需求、欣赏需求，带动更多人参与此项运动。只有在保护与传承的基础上不断地挖掘、开发、拓展，五禽戏才能与时俱进，其作为国家级非物质文化遗产也才能不断发扬光大！

第二篇 健身气功五禽戏

第一章 健身气功五禽戏简介

第一节 健身气功与五禽戏

一、健身气功

健身气功是一种以自身形体活动、呼吸吐纳、心理调节相结合为主要运动形式的民族传统体育项目，是我国悠久历史文化的一个重要组成部分。

具体来说，健身气功是以健身为目的，以较为和缓的形体活动为基础，身心状态趋向于调身、调息、调心合一的体育运动项目，在 2003 年 2 月，国家体育总局已将健身气功确立为第 97 个体育运动项目，健身气功讲究的是"三调"，即调身、调息、调心，这也与各种体育运动的活动内容相符合。

然而，健身气功不仅是一项体育运动，更是我国传统中医学的一个重要组成部分，与中医有着极为密切的关系。早在 2000 多年前的中医经典著作《黄帝内经》中，就有对气功的记载，包括气功的原理、锻炼方法和治疗效果等，在《素问》的八十一篇中，关于气功直接或间接的阐述就多达十几篇，由此可见，气功在我国具有悠久的历史，在遥远的黄帝时代，就已经成了一种重要的医疗保健方法。

我国历代医家对气功都很重视，不仅在其著作中对气功有诸多的论述，而且在实践中完善了气功的各项理论，真正做到了理论联系实际。如汉代名医大家张仲景在其医学名著《金匮要略》一书中论述到："四肢才觉重滞，即导引吐呐，针灸膏摩，勿令九窍闭塞"，这里所说的"导引吐呐"其实就是气功的一种方法，还有汉代名医华佗所创的华佗五禽戏，流传至今仍被广大气功爱好者所喜爱。其后如晋代葛洪的《抱朴子》、南北朝陶弘景的《养性延命录》、唐代孙思邈的《备急千金要方》等都有关于气功的论述。由此可见，气功不仅历史悠久，而且在中医学中占有重要地位。

健身气功是气功中的一种，以健身为目的，以形体活动、呼吸吐纳和心理调节相结合的民族传统体育项目，被列为中国正式开展的第 62 个体育运动项目。健身气功以阴阳、五行、脏腑、经络、精气神等学说为指导，医家、道家、儒家、佛家等对气功均有实践，各自形成了自己所独有的理论。研究表明，练习健身气功不仅有助于改善人的生理功能、增强人的心理素质，而且对于提高人的生存质量和道德修养有独特的作用。

健身气功的种类有很多，如健身气功·易筋经、健身气功·五禽戏、健身气功·六字诀、健身气功·八段锦、健身气功·大舞、健身气功·马王堆导引术、健身气功·导引养生功十二法、健身气功十二段锦、健身气功·太极养生杖等。

二、健身气功·五禽戏

健身气功·五禽戏由上海体育学院编创课题组在国家体育总局健身气功管理中心的指导下于 2013 年编创，将健身气功与五禽戏有机结合，充分发挥了健身气功与五禽戏的优势，最大程度地达到了强身健体、修养身心的效果。

"健身气功·五禽戏"的动作编排按照《三国志·华佗传》的记载，

顺序为虎、鹿、熊、猿、鸟；动作简便易学，数量沿用了陶弘景《养性延命录》的描述，为 10 个动作，每戏 2 动，并在功法的开始和结束增加了起势调息和引气归元，体现了形、神、意、气的合一，符合习练者特别是中老年人运动的规律；动作素材来源于传统，在古代文献的基础上，汲取精华，加以提炼、改进；动作设计考虑与形体美学、现代人体运动学有机结合，体现时代特征和科学健身理念；功法符合中医基础理论、五禽的秉性特点，配合中医脏腑、经络学说，既有整体的健身作用，又有每一戏的特定功效。动作仿效虎之威猛、鹿之安舒、熊之沉稳、猿之灵巧、鸟之轻捷，力求蕴含"五禽"的神韵，形神兼备，意气相随，内外合一。

第二节　健身气功五禽戏的功法特点

一、引伸肢体，动诸关节

健身气功·五禽戏的动作以腰为主轴和枢纽，带动上、下肢向各个方向运动，以增大脊柱的活动幅度，几乎包含了身体躯干的全方位运动，如前俯、后仰、侧屈、拧转、折叠、提落、开合、缩放等各种不同的姿势。此外，该功法还特别注意手指、脚趾等关节的运动，以达到加强远端血液微循环的目的，同时，还加强了平时活动较少或为人们所忽视的肌肉群的锻炼。

二、外导内引，形松意充

健身气功·五禽戏讲究"外导内引，形松意充"。"五禽戏"以动为主，模仿动物姿势，根据动作的升降开合，以形引气，"形"虽显于外，但为内在的"意"所系，这就要求外形动作、姿态既要仿效虎之威猛、鹿之安舒、熊之沉稳、猿之灵巧、鸟之轻捷，更要求在神韵上与五禽相合，做到意气相随，内外合一。其中的"导引之术"，古人将其解释为"导气令和，引体令柔"，"导气令和"是指调顺呼吸之气和疏通调畅体内气血，"引体令柔"，是指活动关节、韧带、肌肉等，使身体处于自然柔和的状态。因此，在练习该功法的过程中，在姿势正确的前提下要保持全身各部分肌肉放松，做到自然舒适不僵硬、不刻意提劲、但也要避免软塌无形，只要做到肢体松沉自然，才能达到"以意引气、气贯全身，以气养神，气血通畅"的境界。

三、动静结合、练养相兼

健身气功·五禽戏是通过模仿五禽的动作和姿态来达到舒筋活络、舒展肢体的目的的，同时在功法的起式、收式以及每一戏结束后，还配以短暂的静功站桩，使练习者逐步进入平和的状态和五禽的意境，以此来收摄心神、调畅呼吸，起到了很好的"动静结合、练养相兼"的功效。

具体来说，该功法在肢体运动上，使形显示于外，但在意识和内在精神上却排除杂念，达到相对"入静"的状态，而在最后的静功站桩时，外在的形体虽然处于安静状态，但内在气息却在有规律地运转，同时五禽的意境也在转换。这一动一静的两个状态相互交替出现，动静结合，起到了很好的练养相兼的互补功效，也使得健身气功·五禽戏的健身、养生效果得到了充分的发挥。

四、安全易学，左右对称

健身气功·五禽戏是在健身气功的基础上，对传统五禽戏进行深入挖掘、整理的基础上编创的，安全易学、左右对称，适合全民健身。该功法在动作上力求简捷，左右对称，讲究平衡发展，既可全套连贯习练，也可对其中某一戏加强练习，运动量较为适中。而且，健身气功·五禽戏还属于有氧训练，每人可根据自身情况来调节每势动作的运动幅度和强度，便于自主操作，安全可靠。

第三节　健身气功五禽戏习练要点

健身气功·五禽戏讲究形神贯通、意气相合，所以练习该功法时要把握好"形、神、意、气"四个方面。

一、形

形，指练功时的姿势。习练健身气功·五禽戏功法时要保持头身正直，含胸垂肩，体态自然，不仅要放松肌肉，使身体各部位处于放松、舒适的状态，更要调匀呼吸，放松精神，逐步进入练功状态。

在开始练习每戏时，要认真领会每个动作名称的含义，做出与之相适应的动作造型且要动作到位，合乎规范，力求做到"演虎像虎、学熊似熊"，尤其是对动作的起落、高低、轻重、缓急、虚实要分辨清楚，不僵不滞，柔和灵活，以达到"引挽腰体，动诸关节，以求难老"的功效。古人曾言："形不正则气不顺，气不顺则意不宁，意不宁则神散乱"，由此可见"形"在功法练习中的重要性。

二、神

神，指练功时的神态、神韵。练习健身气功·五禽戏时要做到"惟神是守"，只有"神"守于"中"，然后才能"形"全于"外"，这也正体现了养生之道中的"形神合一"。健身气功·五禽戏中的"戏"是玩耍、游戏之意，只有正确掌握了"五禽"的神态和它们进入玩耍、游戏时的情景，在模仿它们时动作才能形象逼真，神韵才能显现。

比如虎戏时要仿效虎所具有的勇猛之势，眼神动作上要力求虎视眈眈；鹿戏时要仿效鹿的敏捷灵活、安详舒展和自由奔放；熊戏时要仿效熊的沉稳刚健、憨厚爽直；猿戏时要仿效猿的轻灵迅捷，轻松活泼；鸟戏时要仿效鹤的昂首挺立，潇洒优雅和轻盈不惊。

三、意

意，指意念、意境。《黄帝内经》曾论述："心为五脏六腑之大主，心动五脏六腑皆摇。"这里所说的"心"指的是人的大脑，说明人的思维活动和情绪变化都能影响五脏六腑的功能，由此可见"心"的重要性。鉴于此，在练习健身气功·五禽戏功法时，要静心收一，尽可能地排除干扰练功的一切私心杂念，营造一个干净、空灵的内心环境，比如可以通过冥想来使思想集中，集中思想，排除杂念，使心静神凝。

在练习时，不仅要做到静心凝神，还要使自己逐步进入五禽戏要时的意境，通过对意境的体悟来模仿五禽的不同动作。如在练习"虎戏"时，可以想象自己是深山中的猛虎，正在深山中伸展四肢、抓捕食物；在练习"鹿戏"时，可以想象自己是一望无际大草原上的鹿，正和伙伴们伸足迈步，以角相抵，自由嬉戏；在练习"熊戏"时，可以想象自己是山林中刚健沉稳的黑熊，正自由自在地转腰运腹、悠闲散步；在练习"猿戏"时，可以想象自己是山中一只机智敏捷的灵猴，正活泼灵巧地攀缘在树枝间嬉戏玩闹、采花摘果；在练习"鸟戏"时，可以想象自己是青山绿水间的一只仙鹤，正抻筋拔骨、展翅飞翔。

总之，在练习时要做到意随形动、气随意行，达到意、气、形合一，这样才能起到疏通经络、调畅气血的作用。

四、气

气，也称调息，指练功时对呼吸的锻炼，是指练习时有意识地注意呼吸调整，不断去体会、掌握、运用与自己身体状况或与动作变化相适应的呼吸方法。古人曾言："使气则竭，屏气则伤"，所以在练习时要注意呼吸方法，引以为戒。

练习"五禽戏"时，要注意呼吸和动作配合的规律，即要做到起吸落呼，开吸合呼，先吸后呼，蓄吸发呼，在具体练习时有多种不同的呼吸方法如自然呼吸、腹式呼吸、提肛呼吸等，在使用时可根据姿势的变化或劲力的要求而选用。另外，在呼吸时，呼吸的"量"和"劲"均不能太过或太大，更不能憋气，要做到不疾不徐、松静自然，渐渐达到呼吸缓慢、细匀、深长的程度。

第四节　健身气功五禽戏习练注意事项

一、由浅入深、循序渐进

练习健身气功·五禽戏时要做到由浅入深、循序渐进，切不可急功近利、一蹴而就。

首先，初学者必须先掌握动作的姿势变化和运行路线，弄清来龙去脉，并跟随他人一起边模仿边练习，初步做到"摇筋骨，动肢节"即可。

其次，在练习过程中要注意体会动作的细节，可采用动作分解练习的方法，将上、下肢分开来练习，以便更细致地掌握各动作的要领，然后再将动作连贯起来，过渡到以腰为轴的完整动作。

最后在进行逐动、逐戏和完整功法的练习时，要力求动作准确规范，达到一气贯通、行云流水的程度，尤其要注意动作、呼吸和神韵、意识的结合，真正做到"形神兼备、内外合一"。

此外，特别要强调的是，在练习健身气功·五禽戏时切不可急躁急进，外在动作没有真正掌握就追求内在的体验是不可取的，反而会出现不良的后果，练习该功法时必须要做到由简至繁、由浅入深、循序渐进、逐步掌握，只有这样才能将基础打好，防止出现不良后果。

二、重视差异、因人而异

由于每个人的身体素质不同，所以在练习健身气功·五禽戏时要重视个体的差异，把握好练功的强度，尤其是患有各种慢性疾病者，更要根据自身的身体条件来进行练习。在练习时，要把握好动作的速度、强度、步姿的高低、幅度的大小、锻炼的时间和练习的次数等，要坚持在练功后感到精神愉悦、全身放松，虽肌肉略感酸胀但不感到过于疲劳、不影响正常工作和生活的原则。

总之，健身气功·五禽戏整套功法简便易学，练习时应当按照动作顺序，把握正确的动作要领，力求表现出五禽的神韵，做到形神兼备，意气相随，内外合一，发挥出每一戏的特定功效。

此外，习练五禽戏时还要注意全身放松，意守丹田，呼吸均匀，做到外形和神气都要像五禽，达到外动内静、动中求静、有刚有柔、刚柔并济、练内练外、内外兼备的效果。练习时，可以单练一禽之戏，也可选练一两个动作。单练一两个动作时，应增加锻炼的次数。学习时应先从基本的手型和步法学起。

第二章　基本动作

第一节　基本手型

对于初学者，一般从手型入门，然后是步型、起势调息及虎戏、鹿戏、熊戏、猿戏、鸟戏，最后是引气归元。下面将从基本手型开始介绍，该动作可细化到掌、指、拳等部位，同时配合手指、腕关节的运动，以达到增强远端血液微循环的目的，基本手型如下。

一、虎爪

五指张开，虎口握圆，第一、二指关节弯曲内扣（图2-1）。

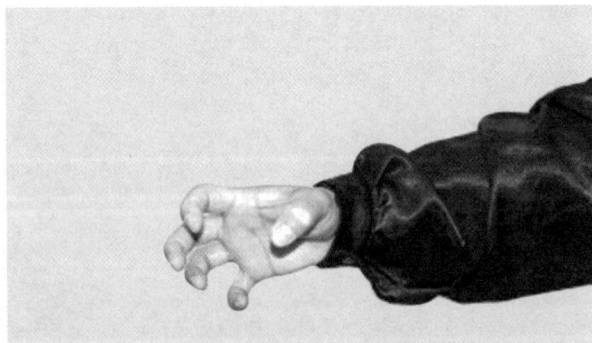

图 2-1

二、鹿角

拇指伸直外张，食指、小指伸直，中指、无名指弯曲内扣（图2-2）。

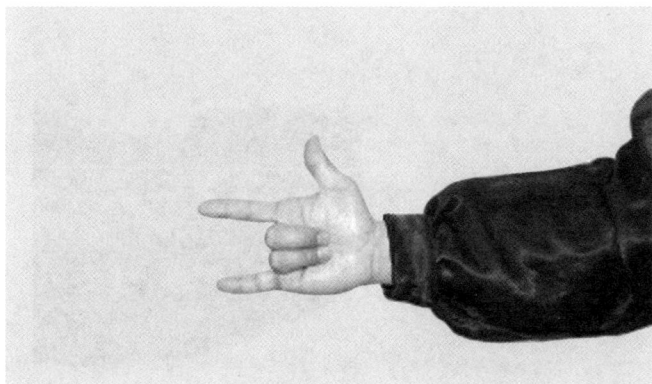

图2-2

三、空拳

拇指的第一指节压在食指和中指的第一指节上，其余四指并拢弯曲，虎口撑圆（图2-3）。

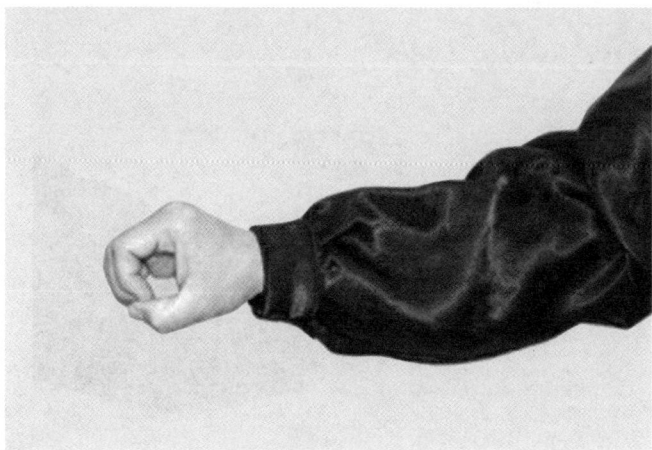

图2-3

四、猿钩

五指指腹捏拢，屈腕（图 2-4）。

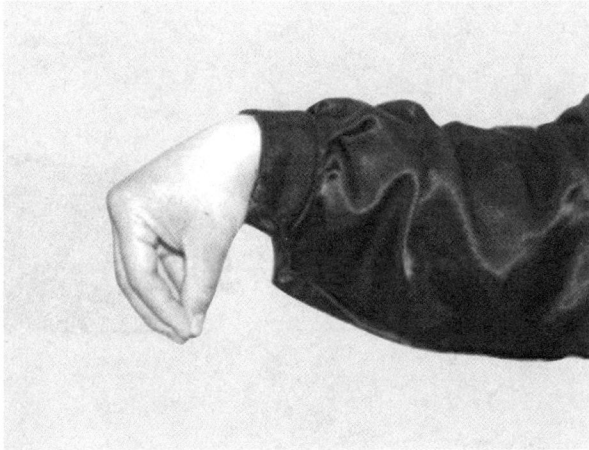

图 2-4

五、鸟翅

五指伸直，拇指、食指、小指向上翘起，无名指、中指并拢向下
（图 2-5）。

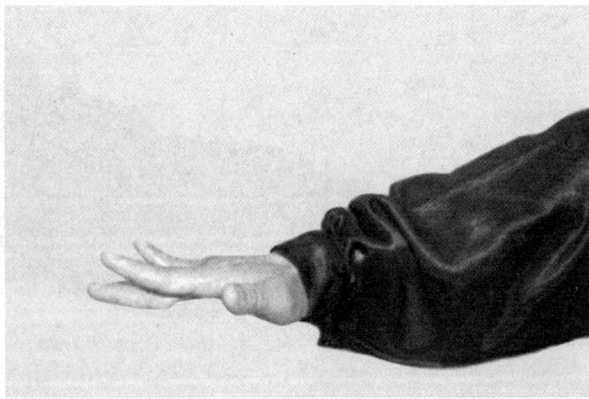

图 2-5

六、握固

拇指抵掐无名指根节内侧，其余四指屈拢收于掌心（图2-6）。

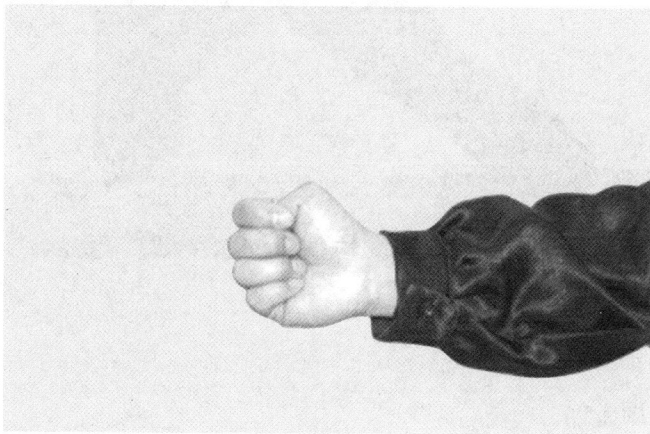

图2-6

第二节　基本步法

五禽戏重在模仿五禽的动作和姿势，以腰为主轴和枢纽，带动和舒展上、下肢向各个方向运动，增强健身的功效。其中，下肢的运动与整套功法的身体平衡密切相关，因此，正确掌握步型十分关键。

五禽戏的基本步型主要包括以下几种（以左势为例）：

一、弓步

两腿前后分开一大步，横向之间保持一定宽度，左（右）腿屈膝前弓，大腿斜向地面，膝与脚尖上下相对，脚尖微内扣；右（左）腿自然伸直，脚跟蹬地，脚尖稍内扣，全脚掌着地（图2-7）。

图 2-7

二、虚步

左（右）脚向前迈出，脚跟着地。脚尖上翘，膝微屈；右（左）腿屈膝下蹲，全脚掌着地，脚尖斜向前方。臀部与脚跟上下相对，身体重心落于右（左）腿（图 2-8）。

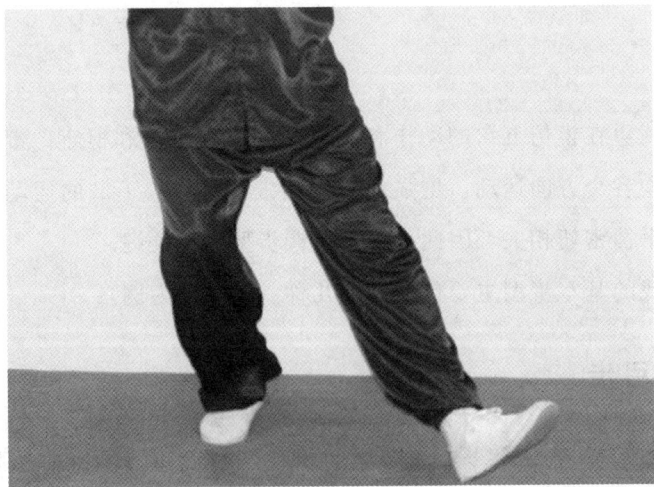

图 2-8

三、丁步

两腿左右分开，间距约 10～20 厘米，两腿屈膝下蹲，左（右）脚脚跟提起，脚尖着地，虚点地面，置于右（左）脚脚弓处，右（左）脚全脚掌着地踏实（图 2-9）。

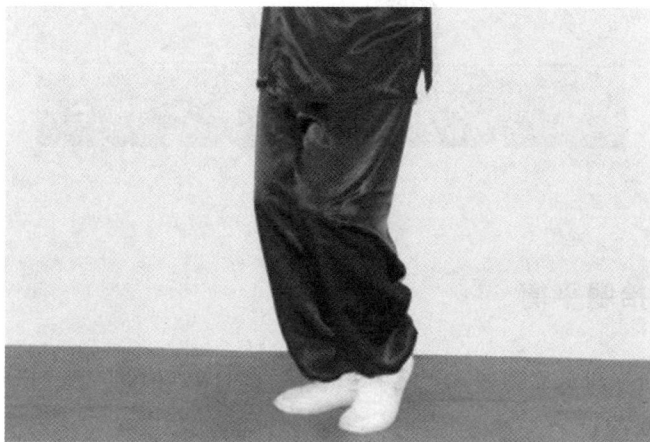

图 2-9

第三节　平衡动作

在练习健身气功·五禽戏时除了要掌握好正确的步型，还应借助下肢部位来维持身体的平衡，主要有以下两种（以左势为例）。

一、提膝平衡

右（左）腿直立站稳，上体正直；左（右）腿在体前屈膝上提，小腿自然下垂，脚尖放松（图 2-10）。

图 2-10

二、抬腿平衡

右（左）腿直立站稳，左（右）腿伸直向体后抬起，脚面绷平，脚尖向下（图 2-11）。

图 2-11

第三章　起势调息

　　练习起势调息动作的主要目的是调整呼吸，使身体放松，为下一阶段的练功做好准备。在练习时要做到两点：

　　其一是松沉。松沉的实质就是脊柱的微屈与骨盆微前倾，同时两膝关节微屈，做到松沉的关键是注意肩关节的放松，即"沉肩坠肘"。因此在两脚分开站立后两手上举前，身体要有个向下松沉的动作。

　　其二是圆活。即起势调息时两手的上提和下按，要避免直上直下，力求做到圆活自然。例如在上提时，在保持松沉的基础上，要微伸膝、微伸髋，使骨盆微后倾，当两手上提接近于胸高时，再伸腰伸胸，胸廓微开展，同时两手还要边上提边内合，从而使两手在上提与内合的"转弯处"自然划出圆弧形。

　　练习者在进入五禽戏锻炼时，首先必须从预备势开始。这样做不仅可以排除杂念，诱导入静，调和气息，宁心安神，而且可以吐故纳新，升清降浊，调理气机，从而为随后的练习做好铺垫。

一、动作过程

（一）动作一

　　两脚并拢，自然伸直；两手自然垂落于体侧；胸腹放松，头项正直，下颏微收，舌抵上腭；目视前方（图2-12）。

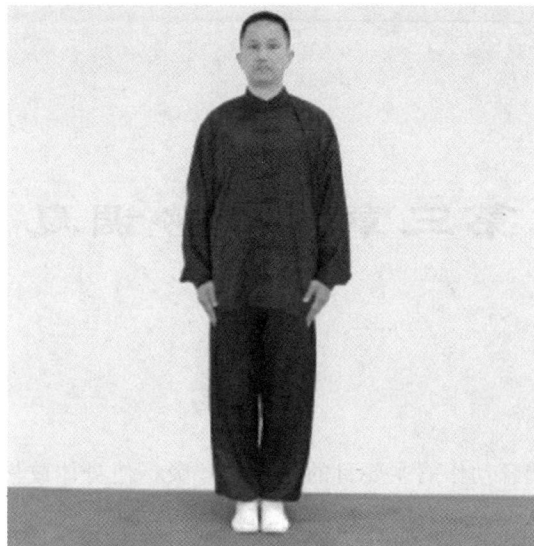

图 2-12

（二）动作二

左脚向左平开一步，稍宽于肩，两膝微屈，松静站立；调息数次，意守丹田（图 2-13）。

图 2-13

（三）动作三

肘微屈，两臂在体前向上、向前平托，与胸同高（图 2 - 14）。

图 2 - 14

（四）动作四

两肘下垂外展，两掌向内翻转，并缓缓下按于腹前；目视前方（图 2 - 15）。

图 2 - 15

重复三、四动作两遍后，两手自然垂于体侧（图2-16）。

图2-16

二、动作要点

（一）重心保持平稳

左脚向左平开一步时，为防止向左开步前身体摇晃，可在开步前，两膝先微屈，开步时身体重心先落于右脚，左脚提起后再缓缓向左移动，左脚掌先着地，使重心保持平稳。

（二）意在两掌劳宫穴

两臂上提下按时，意在两掌劳宫穴（掌中央，第二、三掌骨间，握拳中指尖所点处）。

（三）动作要求

动作要柔和、连贯，速率均匀。

（四）与呼吸的配合

动作可配合呼吸，两臂上提时吸气，下按时呼气。

三、易犯错误和纠正方法

（一）向左开步时，两膝过分挺直，身体摇晃

纠正方法：开步前，两膝先微屈；开步时，身体重心先落于右脚，左脚提起后，再缓缓向左移动，左脚掌先着地，使重心保持平衡。

（二）两掌上提下按时，两肘尖外扬，肩膀上耸，动作僵硬

纠正方法：沉肩坠肘，意念沉肩，再两臂启动，肘尖有下垂感觉，动作放松。

（三）两掌运行路线直来直去

纠正方法：两掌上提、内合、下按时，运行路线成弧形，圆活自如。

四、教学方法

（一）讲解法
（二）示范法
（三）预防和纠正错误法

五、重难点

重点：动作的连贯性。
难点：动作速度不均匀。

第四章　虎　戏

五禽戏以虎、鹿、熊、猿、鸟为顺序，预备势后首先进入虎戏。

虎戏要体现虎的威猛，神发于目，虎视眈眈，威生于爪，伸缩有力，神威并重，气势凌人。动作要做到刚中有柔、柔中有刚、外刚内柔、刚柔相济，具有动如雷霆无阻挡、静如泰山不可摇的气势。虎戏由虎举和虎扑两个动作组成，其功效有调节气血、疏通经络、维持脊柱生理弧度、防治腰部疾病等。

第一节　虎　举

一、动作过程

1. 两手屈腕，掌心向下，十指撑开，再弯曲成虎爪状；目视两掌（图2-17）。

2. 两手外旋，由小指先弯曲，其余四指依次弯曲握拳，两拳沿体前缓慢上提（图2-18）。至肩时，十指撑开，举至头上方呈虎爪状，目视两掌（图2-19）。

3. 两掌外旋握拳，拳心相对；目视两拳。

4. 两拳下拉至肩，变掌下按（图2-20）。沿体前下落至腹前，十指撑开，掌心向下；目视两掌（图2-21）。

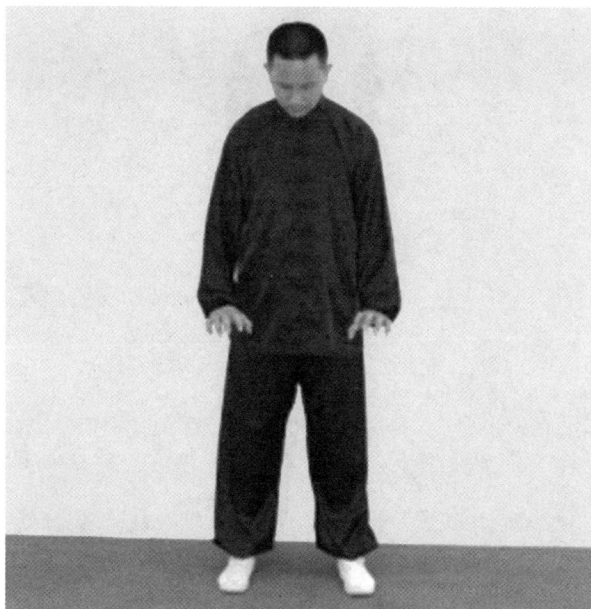

图 2-17

图 2-18

图 2-19

图 2-20

图 2-21

5. 重复 1～4 的动作三遍后，两手垂于体侧，目视前方（图 2-22）。

图 2-22

二、动作要点

1. 虎爪手指要撑开，手指要用力。

2. 两手掌上举和下落的路径要基本保持直线。

3. 两手掌上举和下落的过程中，眼睛看手，以活动颈椎。

5. 意念要模仿虎的刚劲威猛。

三、易犯错误和纠正方法

1. 手直接由掌变拳，虎爪状不明显

纠正方法：手指撑开后，先依次屈扣第一、二节指关节，再紧握成拳。

2. 两掌上举时，身体后仰，呈反弓状

纠正方法：两掌向头部正上方托举，身体与地面保持垂直。

四、教学方法

1. 讲解法

2. 示范法

3. 预防和纠正错误法

4. 完整法和分解法

5. 情境教学法

五、重难点

重点：动作路线。

难点：上举时肩角要打开。

第二节 虎 扑

一、动作过程

1. 两手握空拳，沿身体两侧上提至肩前上方（图2-23）。

图2-23

2. 两手向上、向前划弧，十指弯曲成"虎爪"，掌心向下；上体前俯，挺胸塌腰；抬头，目视前方（图2-24）。

3. 两腿屈膝，收腹含胸；两手向下划弧至两膝旁；目视前下方（图2-25）。两腿伸膝，展髋，展体，后仰；两掌变空拳，沿体后上提至胸侧，目视前上方（图2-26）。

4. 左腿屈膝上提，两手上举（图2-27）。左脚向前迈一步，脚跟着地，右腿下蹲，成左虚步；上体前倾，两拳变虎爪向前、下扑至膝前两

图 2-24

图 2-25

图 2-26

侧，掌心向下；目视前下方（图 2-28）。上体抬起，左脚收回，开步站
立；两手下落于体侧；目视前方（图 2-29）。

图 2-27

图 2 - 28

图 2 - 29

5. 重复 1～4 动作，方向相反。重复一遍后，两掌侧前上提至胸，两臂屈肘，两掌内合下按，自然垂于体侧；目视前方（图2-30）。

图 2 - 30

二、动作要点

1. 两手上提要经体侧。

2. 上体前俯时，手臂和躯干成一直线并与地面平行。

3. 两腿伸膝时应使膝、髋、胸依次展开，最后身体充分展开成反弓形。

4. 屈膝上提时，应脚手同时。

5. 前扑时上体稍前倾，尾闾中正。

6. 意念上要模仿虎的威猛。

三、易犯错误和纠正方法

1. "虎爪"和握拳两种手型的变化过程掌握不当

纠正方法：两手前伸抓扑时，拳变"虎爪"，力达指尖，由柔转刚；

两掌向里画弧回收时，"虎爪"屈拢，轻握空拳，由刚转柔。

2. 身体由折弯到展开不够充分，两手配合不够协调

纠正方法：身体前挺展开时，两手要注意后伸，运行路线要成弧形，协助身体完成屈伸蠕动。

3. 向前迈步成虚步时，重心不稳，左右摇晃

纠正方法：迈步时，两脚横向间距要保持一定宽度，适当增大稳定角度。

四、教学方法

1. 讲解法

2. 示范法

3. 预防和纠正错误法

4. 完整法和分解法

5. 情境教学法

五、重难点

重点：上体前屈、手臂前伸动作。

难点：上体前屈时要与地面平行，手臂和躯干在一平面上。

第五章 鹿 戏

五禽戏中，鹿戏仿效鹿之安舒。习练时，动作要轻盈舒展，神态要安闲雅静，可以想象自己处于鹿群之中，在一望无际的草原上自由、快乐地漫步、嬉戏。鹿戏由鹿抵和鹿奔两个动作组成，练习鹿戏可起到强腰补肾、强筋健骨和振奋阳气等作用。

第一节 鹿 抵

一、动作过程

1. 两腿微屈，左脚向左前方迈步，脚跟着地；两手握空拳右摆，高与肩平；目视右手空拳（图2-31）。

2. 重心前移，左腿屈膝，脚尖外展90度踏实；右腿蹬实；身体左转，两手成"鹿角"，向上、左、后划弧，指尖向后，掌心向外，左臂弯曲外展平伸，肘抵靠左腰，手臂要平，掌心向前；右拳摆至头侧，向左后方伸抵，指尖向后，掌心向外；眼睛通过左肩看右脚跟（图2-32）。身体右转，左脚收回，开步站立；两手向上、右、下划弧，两掌变空拳落于体前；目视前下方（图2-33）。

3. 重复1~2动作，方向相反；重复动作1~3一遍（图2-34）。

图 2－31

图 2－32

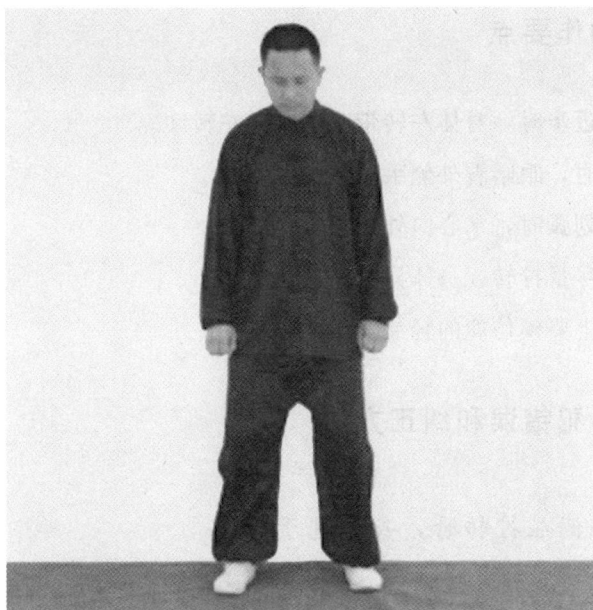

图 2 - 33

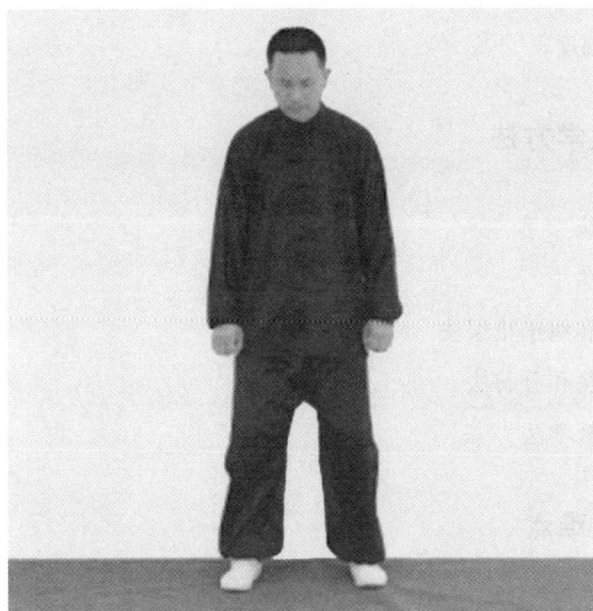

图 2 - 34

二、动作要点

1. 左脚迈步时，身体左转带动手臂向左转动。

2. 转体时，眼睛看外侧手。

3. 两手划弧时，掌心向外，指尖斜向上。

4. 腰部尽量拧转，身体异侧充分伸展。

5. 意念上要模仿鹿的轻灵安详。

三、易犯错误和纠正方法

1. 腰部侧屈拧转时，身体过于前倾

纠正方法：后腿沉髋，有助于上体正直，可加大腰部拧转幅度。

2. 身体侧屈幅度不够，眼看不到后脚跟

纠正方法：重心前移，增加前腿膝关节弯曲度，同时加大上举手臂向后方伸展的幅度。

四、教学方法

1. 讲解法

2. 示范法

3. 预防和纠正错误法

4. 完整法和分解法

5. 情境教学法

五、重难点

重点：转腰下视动作。

难点：转腰要到位，躯干异侧要拉紧。

第二节　鹿　奔

一、动作过程

1. 左脚向前一步，屈膝，右腿伸直成左弓步；两手握空拳向上、向前划弧至体前，屈腕，拳心向下，与肩同高、同宽；目视前方（图 2 - 35）。

图 2 - 35

2. 重心后移，变左膝伸直，右腿屈膝；低头，弓背，收腹；两臂内旋，两掌前伸，手背相对，拳成鹿角（图 2 - 36）。

3. 上体抬起；右腿伸直，左腿屈膝，成左弓步；两臂外旋，握空拳，高与肩平，拳心向下；目视前方（图 2 - 37）。

4. 左脚收回，开步直立；两拳变掌，落于体侧；目视前方（图 2 - 38）。

图 2 - 36

图 2 - 37

图 2 - 38

5. 重复一遍 1～4 的动作，左右相反。两掌侧前上提至胸，两臂屈肘，两掌内合下按，自然垂于体侧；目视前方（图 2 - 39）。

图 2 - 39

二、动作要点

1. 上步划弧要脚手同时，脚跟蹬出。

2. 右腿屈膝同时重心尽量后移，尾闾前扣。

3. 屈左腿，伸右腿，重心前移同时做，协调一致。

4. 左脚收回时向上划弧。

5. 意念上要模仿鹿的轻灵安详。

三、易犯错误和纠正方法

1. 落步后两脚成一直线，重心不稳

纠正方法：脚提起后，向同侧肩部正前方跨步，保持两脚横向宽度。

2. 背部"横弓"不够明显

纠正方法：加大两肩内旋幅度，可增大收胸程度；头、髋前伸，收腹后顶，可增大躯干的后弓幅度。

四、教学方法

1. 讲解法

2. 示范法

3. 预防和纠正错误法

4. 完整法和分解法

5. 情境教学法

五、重难点

重点：低头收腹拱背动作。

难点：背部的"竖弓"和肩部的"横弓"不充分。

第六章 熊　戏

五禽中，熊的动作笨拙拖沓，而熊戏却笨中生灵，蕴含内劲。熊戏仿效熊之沉稳，力求表现出松静自然的神态。熊戏由熊运和熊晃两个动作组成，练习熊戏，不但能防治腰肌劳损和软组织损伤，还可引导内气运行，调理消化系统。

第一节　熊　运

一、动作过程

1. 两掌握空拳，拳眼相对，垂于下腹部；目视两拳（图2-40）。

2. 以腰、腹为轴，上体做逆时针转动；两拳在身体带动下以肚脐为中心，沿右肋（图2-41）、上腹（图2-42）、下腹部（图2-43）划圆。

3. 重复动作1～2；重复动作1～3一遍，方向相反。做完最后一动，两拳变掌下落，自然垂于体侧，目视前方（图2-44）。

图 2-40

图 2-41

图 2 - 42

图 2 - 43

图 2 - 44

二、动作要点

1. 两手空拳拳心向内。

2. 腰髋用力，带动身体。

3. 意念上要模仿熊的沉稳有力。

三、易犯错误和纠正方法

1. 两掌贴腹太紧或主动画圆形成摩腹动作，没有随腰、腹部的转动协调地进行画圆摆动

纠正方法：肩肘放松，两掌轻附于腰、腹，体会用腰腹的摇晃来带动两手运行。

2. 以腰、胯为轴进行转动或身体摇晃幅度过大

纠正方法：相对固定腰、胯位置，身体摇晃时，在意念上是做立圆摇

转。因此，当向上摇晃时，做提胸收腹，充分伸展腰、腹；向下摇晃时，做含胸松腹，挤压脾、胃、肝等中焦区域的内脏器官。

四、教学方法

1. 讲解法
2. 示范法
3. 预防和纠正错误法
4. 完整法和分解法
5. 情境教学法

五、重难点

重点：身体重心的移动。

难点：躯干运动不协调，与头部、上肢相脱节。

第二节　熊　晃

一、动作过程

1. 重心右移，左髋上提，带动左脚抬起离地，微屈左膝，目视左前方（图 2 - 45）。

2. 重心前移，左脚向左前方落地，右腿伸直；重心前移，身体右转，左臂内旋前靠，左拳摆至左膝前上方；右拳摆至体后，拳心向后；目视左前方（图 2 - 46）。

3. 身体左转，重心后坐；右腿屈膝，左脚伸直；拧腰晃肩，带动两臂向后弧线摆动；右拳摆至左膝前上方；左拳摆至体后；目视左前方（图 2 - 47）。

图 2 - 45

图 2 - 46

图 2-47

4. 重心前移，身体右转；左腿屈膝，右腿伸直；左臂内旋前靠，左拳摆至左膝前上方，拳心向左；右拳摆至体后；目视左前方（图 2-48）。

图 2-48

5. 重复动作 1～4 一遍，方向相反。重复一遍后，左脚上步，成两脚开立；两手自然垂于体侧。两掌侧前上提至胸，两臂屈肘，两掌内合下按，自然垂于体侧；目视前方（图 2-49）。

图 2-49

二、动作要点

1. 提髋时髋关节要主动发力，带动大腿屈膝上提。

2. 提、落、转依次进行，动作连贯，上下协调，重心移动幅度尽量大。

3. 动作要连贯，速率要均匀。

4. 上下协调，配合呼吸。

5. 意念上要模仿熊的沉稳有力。

三、易犯错误和纠正方法

1. 没有提髋动作，直接屈膝提腿，向前迈步

纠正方法：先练习左右提髋，方法是两肩保持水平，重心移向右脚，

上提左髋，牵动左腿提起，再原处落下；然后重心左移，上提右髋，以此体会腰侧肌群收缩状态。

2. 落步时，腿用力前踏，髋关节处没有震动感

纠正方法：1、2、提髋，屈膝，身体重心前移，脚自然落地，体重落于全脚掌。同时，踝、膝关节放松，使震动感传至髋部。

四、教学方法

1. 讲解法
2. 示范法
3. 预防和纠正错误法
4. 完整法和分解法
5. 递进教学法
6. 情境教学法

五、重难点

重点：拧腰晃肩。
难点：腰髋用力要协调。

第七章　猿　戏

　　猿生性好动，机智灵敏。五禽戏中，猿戏仿效猿之灵巧，习练时，外练肢体的轻灵敏捷，内练精神的宁静从容，从而达到"外动内静""动静结合"的境界。从功法动作上，可分为猿提和猿摘。

第一节　猿　提

一、动作过程

　　1. 两掌在体前，屈腕，手掌内旋，然后沿手掌外延迅速屈腕撮拢捏紧成"猿钩"（图 2-50）。

　　2. 两掌上提至胸前，两肩上耸，收腹提肛；同时，脚跟提起，缩颈，头向左转；眼随头动，视身体左侧（图 2-51）。注意耸肩、缩胸、屈肘、提腕一定要充分。

　　3. 头转正，松颈，两肩下沉，松腹落肛，脚跟着地；"猿钩"变掌，掌心向下；目视前方（图 2-52）。

　　4. 两掌沿体前下按落于体侧；目视前方（图 2-53）。

　　5. 重复动作 1～4，头向右转。重复动作 1～5 一遍。

图 2 - 50

图 2 - 51

图 2－52

图 2－53

二、动作要点

1. 两掌屈腕后先内旋，再沿掌的外沿向外抓捏。

2. 动作要协调连贯。

3. 动作节奏合理，配合呼吸。

4. 意念上要模仿猿的灵活敏捷。

5. 动作可配合提肛呼吸，以达到更好的健身效果。其动作为：两掌上提吸气时，稍用意提起会阴部；两掌下按呼气时，放松会阴部。

三、易犯错误和纠正方法

1. 脚跟离地后，重心不稳，前后晃动

纠正方法：头部"百会穴"上领，牵动整个身体垂直向上，起到稳定重心的作用。

2. 耸肩不够充分，胸、背部和上肢不能充分团紧

纠正方法：以胸部"膻中穴"为中心，缩项、夹肘、团胸、收腹，可加强胸、背部和上肢的团紧程度。

四、教学方法

1. 讲解法
2. 示范法
3. 预防和纠正错误法
4. 完整法和分解法
5. 情境教学法

五、重难点

重点：提肩缩颈肘内夹、转头动作。

难点：动作配合不够协调。

第二节　猿　摘

猿摘有利于颈部运动，促进脑部血液循环，减轻神经紧张度等。

一、动作过程

1. 左脚向左后方退步，脚尖点地，右腿屈膝；左臂屈肘，左掌成"猿钩"收至左腰侧；右掌向前下方摆起，掌心向下（图2-54）。

图2-54

2. 重心后移，左脚踏实，屈膝下蹲，右脚收至左脚内侧，脚尖点地，成右丁步；右掌向下经腹前向左下方划弧至头左侧；眼睛随右掌动，再转头看右前上方（图2-55）。

3. 右手翻掌向下，沿体侧下按至左髋侧；目视右掌（图2-56）。右脚向右前方迈出一大步，左腿蹬伸，重心前移；右腿伸直，左脚脚尖点地；

图 2-55

右掌经体前向右上方划弧，举至右肩侧变"猿钩"；左掌向前、向上伸举，屈腕撮钩，目视左掌（图 2-57）。

图 2-56

图 2-57

4.重心后移，左掌由"猿钩"变为"握固"；左腿屈膝下蹲，右脚收至左脚内侧，脚尖点地，成右丁步；左臂屈肘收至左耳旁，屈腕，掌心向上成托桃状；右掌经体前向左划弧至左肘下捧托；目视左掌（图 2-58）。

图 2-58

5. 重复动作 1～4 一遍，方向相反。重复动作 1～5 一遍后，左脚向左横开一步，两腿直立；两手自然垂于体侧。两掌侧前上提至胸，两臂屈肘，两掌内合下按，自然垂于体侧；目视前方（图 2-59）。

图 2-59

二、动作要点

1. 退步、按掌要同时。

2. 动作连贯，速率均匀。

3. 节奏合理，上下协调，动作放松。

4. 意念上要模仿猿的灵活敏捷。

三、易犯错误和纠正方法

1. 上下肢动作配合不协调

纠正方法：下蹲时，手臂靠近身体；蹬伸时，手臂要充分展开。

2. 摘桃时，手臂向上直线推出，"猿钩"变化的时机掌握不准

纠正方法：向上采摘时，手的运行路线呈向上弧形，动作到位时，手掌才变"猿钩"状。

四、教学方法

1. 讲解法

2. 示范法

3. 预防和纠正错误法

4. 完整法和分解法

5. 情境教学法

五、重难点

重点：动作的连贯、有序。

难点：方向变幻多，初学阶段不易掌握。

第八章 鸟 戏

第一节 鸟 伸

一、动作过程

1. 两腿微屈下蹲，两掌在腹前相叠（图 2 - 60）。

图 2 - 60

2. 两掌举至头前上方，掌心向下，指尖向前；身体微前倾，提肩，缩颈，挺胸，塌腰；目视前下方（图 2-61）。

图 2-61

3. 两腿微屈下蹲；两掌相叠下按至腹前；目视两掌（图 2-62）。

图 2-62

4. 重心右移，右腿蹬直，左腿伸直向后抬起；两掌分开成"鸟翅"，摆向体侧后方；抬头，伸颈，掌心向后，塌腰；展胸伸颈，目视前方（图2-63）。

图 2-63

5. 重复动作1~4，方向相反。重复动作1~5遍后，左脚下落，两脚开立，两手垂于体侧；目视前方（图2-64）。

图 2-64

二、动作要点

1. 两掌在腹前掌心向前。

2. 上举时尾闾上翘。

3. 动作连贯，速率均匀。

4. 节奏合理，上下协调，动作放松。

5. 意念上要模仿鸟的舒展飘逸。

三、易犯错误和纠正方法

1. 松紧变化掌握不好

纠正方法：先练习两掌相叠，在体前做上举下落动作，上举时收紧，下落时放松，逐步过渡到完整动作。

2. 单腿支撑时，身体重心不稳

纠正方法：身体重心移到支撑腿后，另一腿再向后抬起，支撑腿的膝关节挺直，有助于提高动作的稳定性。

四、教学方法

1. 讲解法

2. 示范法

3. 预防和纠正错误法

五、重难点

重点：向上伸展时，缩颈、尾闾上翘。

难点：展体、向后抬腿时重心不稳，需多次练习。

第二节 鸟 飞

一、动作过程

接上式，两腿微屈；两掌成鸟翅合于腹前，掌心相对，目视前下方（图2-65）。

图2-65

1. 右脚伸直独立，左腿屈膝提起，小腿自然下垂；两掌成展翅状，向上摆至体侧平举，掌心向下，手腕稍高于肩；目视前方（图2-66）。

2. 左脚落至右脚旁，脚尖着地，两腿微屈；两掌合于腹前，掌心相对；目视前下方（图2-67）。

3. 右脚伸直独立，左脚屈膝提起，小腿自然下垂；两掌向上摆至头顶上方，手背相对，指尖向上；目视前方（图2-68）。

图 2 - 66

图 2 - 67

图 2-68

4. 左脚落至右脚旁，全脚掌着地，两腿微屈；两掌合于腹前，掌心相对；目视前下方（图 2-69）。

图 2-69

5. 重复动作 1～4 一遍，方向相反。重复 1～5 动作一遍后，两掌侧前上提至胸；屈肘，两掌内合下按，自然垂于体侧；目视前方（图 2 - 70）。

图 2 - 70

二、动作要点

1. 两掌在腹前掌心相对。

2. 动作要柔和、放松、速率均匀。

3. 起的时候眼睛平视，落的时候看前下方。

4. 起的时候吸气，落的时候呼气。

5. 意念上要模仿鸟的舒展飘逸。

三、易犯错误和纠正方法

1. 两臂伸直摆动，动作僵硬

纠正方法：两臂上举时，力从肩发，先沉肩，再松肘，最后提腕，形成手臂举起的蠕动过程；下落时，先松肩，再沉肘，最后按掌合于腹前。

2. 身体紧张，直立不稳，呼吸不畅

纠正方法：两臂上举吸气，头部"百会穴"上领，提胸收腹，下落呼气，松腰松腹，气沉丹田。

四、教学方法

1. 讲解法
2. 示范法
3. 预防和纠正错误法
4. 情境教学法

五、重难点

重点：手臂起落要放松。

难点：手臂上举下落时过于僵硬。

第九章　引气归元

　　五禽戏的最后一势是引气归元。所谓引气归元，就让气息逐渐平和，意将练功时所得体内外之气导引归入丹田，起到和气血、通经脉、理脏腑的功效。

一、动作过程

　　1. 两掌经体侧上举至头顶上方，掌心向下（图 2-71）。

图 2-71

2.两掌指尖相对，沿体前缓慢下按至腹前；目视前方（图2-72）。重复1、2动作两遍。

图 2-72

3.两手缓慢在体前划平弧，掌心相对，与肚脐同高；目视前方（图2-73）。

图 2-73

4. 两手在腹前合拢，虎口交叉，叠掌；眼微闭，静养，调匀呼吸，意守丹田（图 2－74）。

图 2－74

5. 数分钟后，两眼慢慢睁开，两手合掌，在胸前搓擦至掌心发热（图 2－75）。

图 2－75

6. 掌贴面部，上、下擦摩，浴面 3～5 遍（图 2 - 76）。

图 2 - 76

7. 两掌向后沿头顶、耳后、胸前下落，自然垂于体侧；目视前方
（图 2 - 77）。

图 2 - 77

8. 左脚提起向右脚并拢，前脚掌先着地，随之全脚踏实，恢复成预备势；目视前方（图 2-78）。

图 2-78

二、动作要点

1. 动作要放松

2. 速率要均匀

3. 起吸气，落呼气

三、易犯错误和纠正方法

1. 两掌上举带动两肩上抬，胸廓上提

纠正方法：身体重心相对固定，两掌上举时，注意肩部下沉放松。

2. 两掌运行路线不清

纠正方法：两掌在体侧向上做立圆和在腹前向前画平弧时，意念要放在掌心。

四、教学方法

1. 讲解法

2. 示范法

3. 预防和纠正错误法

五、重难点

重点：动作连贯、速率均匀。

难点：动作僵硬、不协调。

第三篇 华佗五禽戏

第一章　华佗五禽戏简介

《三国志·华佗传》中记载："晓养性之术，时人以为年且百岁，而貌有壮容。"华佗五禽戏就是在继承和发展古代"引导之事"的基础上，融合阴阳五行、脏腑、经络、气血运行等理论，取虎之威猛、鹿之敏捷、熊之稳健、猿之机智、鸟之灵活创编而来。

华佗曾向其弟子说："亦以除疾，并利蹄足，以当引导"，来说明华佗五禽戏有治疗疾病和健身的双重作用。

华佗五禽戏的动作与结构，是融合了中医医学理论，经过研究考证，遵循古本记载取其精华的独特养生秘术。现将传统华佗五禽戏13式的动作特点略述如下。

第一节　虎　　形

虎从形象上观察，体貌威严，性情凶猛，气势凌人。虎的神发于眼，威生于爪。华佗五禽戏取虎特性中的神气，模拟虎的形象，运用爪力摇首摆尾，鼓荡周身运动，促进机体发育。

虎形在练习时，要做到外动内静，动时应如狂风暴雨，静时应似月夜俱寂。同时还要刚中带柔，柔中生刚，刚柔并济。此外，还要调和气息，以自然呼吸为前提，逐步达到呼吸柔和、细缓、均匀、深长，从而以意领气下行，意守命门。

虎形在运行时，要快慢结合，急缓兼备，要行云流水轻盈缓慢，还要疾风如电勇猛刚强。

第二节 鹿 形

鹿是灵性的良兽，爱好触角，喜欢奔走挺身眺望。华佗五禽戏对鹿的形态模仿，能够活动全身的筋络骨骼关节，有舒筋活络强筋壮骨的功效。

古人认为鹿的性情温驯而长寿，而鹿长寿的原因就在于其善于运用尾间接通任督二脉达到阴阳平衡、气血调和。在中医学上尾间穴是督脉三关之一，是接近督脉的开始，是诸阳经的总纲，所以意守尾间有补肾益髓、易筋易力的效果。因此在华佗五禽戏的鹿形的练习中也要学其善于运用尾间穴，从而达到养身的目的。

鹿形在练习时，体态要松柔轻捷、舒展大方、无拘无束；在练习触角独立架势时，要沉缓稳健、肢体平衡，独立支撑但全身轻盈。

第三节 熊 形

熊的体型笨重却力大，性情浑厚沉稳而勇敢刚直。熊在沉稳中又带有一些轻灵的韵意。因此在练习熊的动作时，除了要表达出熊本能上的浑厚沉稳形态，还要体现出熊在笨拙中的轻灵动态。

熊的主要动作是撼运和扛靠，熊的内在劲力大，效仿熊的内劲运载到膀臂上，以螺旋式的拧劲由外向内划弧撼运。熊形练习主要是内练精神上的静，外练肢体的灵活运动。

熊的肢体虽然笨拙，但兼顾其轻灵的特点，要做到笨拙中生出轻灵，轻灵中包含笨拙，达到强筋健骨、增长力气、灵活关机、强身健体的作用。因此，长久练习熊戏能强体魄、壮胆气、补脾土、化肝风、虚火不生、真经化气而补还于脑。

第四节 猿 形

猿在中医阴阳五行理论中，阴性属土，有攀缘跳蹿伸缩的本事，有闪躲隐藏进退的技巧，机警灵活好动。

《华严经》中有云："菩提种子，心是人之灵明一窍，人心好动出入无时莫如其乡，故名为之猿"；又有《道经》云："意马拴住为立命。"

华佗五禽戏中的猿戏练习，要外练肢体灵活，内里要抑制情绪的动荡，长久坚持可使思想宁静，精气神充足。

第五节 鸟 形

鸟的肢体轻灵，喜好高飞争鸣，飘飘然如云戏月，仁仁兮似苍松挺拔，有高度的平衡能力和敏捷轻盈的身躯。

华佗五禽戏的鸟形是对鹤的姿态进行效仿，取其灵敏轻盈的动作，展翅飞翔悠然自得，外动内静，以意引气，具有调达气脉、疏导经络的作用。

华佗五禽戏效仿白鹤的形态使神意上下运行而得安静，神静则气足，气足而生精，精溢则化气，从而达到精、气、神三宝合一，促进机体健康。

第二章　基本动作

第一节　基本手型

华佗五禽戏有五种基本手型，分别是虎爪、鹿角、猿勾、熊掌、鸟翅。演练时，在各势过渡运行的过程中，不需要拘泥于单一的禽型不变，要根据各势不同招式的变化运用拳、掌、爪等不同的手型。

一、虎爪

五指张开，虎口握圆，指间距离大约在半指的宽度。第一、二指关节弯曲内扣，第三指节力求伸直（图3-1）。

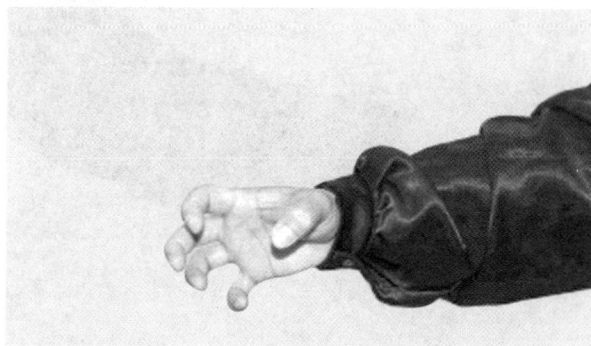

图 3-1

二、鹿角

拇指伸直外张，食指、小指伸直，代表鹿角。中指、无名指弯曲内扣于掌心（图 3 - 2）。

图 3 - 2

三、熊掌

手掌自然伸开，拇指压在食指端上，其余四指并拢，虎口撑圆，掌心稍内含呈半月牙型（图 3 - 3）。

图 3 - 3

四、猿钩

五指指腹捏拢，拇指压于食指与无名指之间，屈腕下垂约90度，呈勾手下垂状（图3-4）。

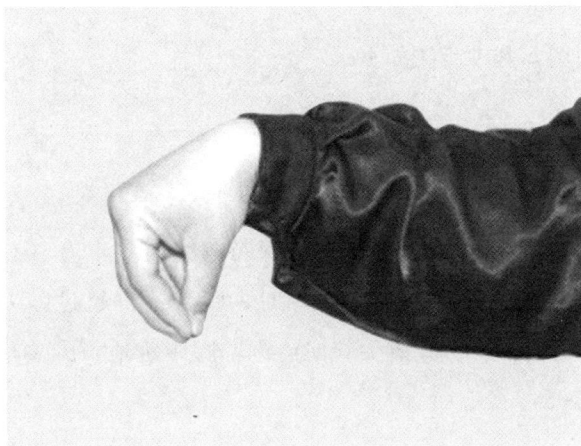

图 3-4

五、鸟翅

五指伸直稍有间隙，拇指、食指、小指向上微微翘起，无名指、中指伸直并拢向下，做鸟翅状（图3-5）。

图 3-5

第二节　基本步法

以左势为例，基本步法如下。

一、弓步

两腿前后分开一大步，横向之间保持一定宽度，左（右）腿屈膝前弓，大腿斜向地面，膝与脚尖上下相对，膝盖不得超过脚尖，脚尖微内扣；右（左）腿自然伸直，脚尖斜向前方，脚跟蹬地，脚尖稍内扣，全脚掌着地（图 3 - 6）。

图 3 - 6

二、马步

两脚开步稍宽于肩，两脚平行，间距约为脚长的三倍，脚尖对正前方，屈膝半蹲后坐，收腹敛臀，腰部正直，成骑马式（图 3 - 7）。

图 3 - 7

三、虚步

左（右）脚向前迈出，脚尖着地，脚跟上提（或脚跟着地，脚尖上翘），膝微屈；右（左）腿屈膝下蹲，全脚掌着地，脚尖斜向前方。臀部与脚跟上下相对。身体重心落于右（左）腿（图 3 - 8）。

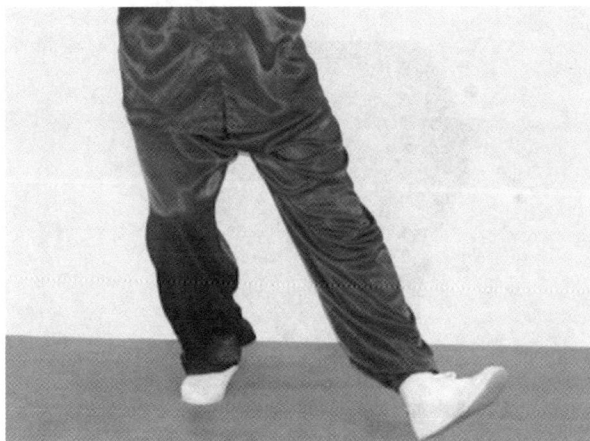

图 3 - 8

四、丁步

两腿屈膝下蹲，左（右）脚脚跟提起，脚尖着地，虚点地面，置于右

（左）脚内侧脚弓处，右（左）脚全脚掌着地踏实（图3-9）。

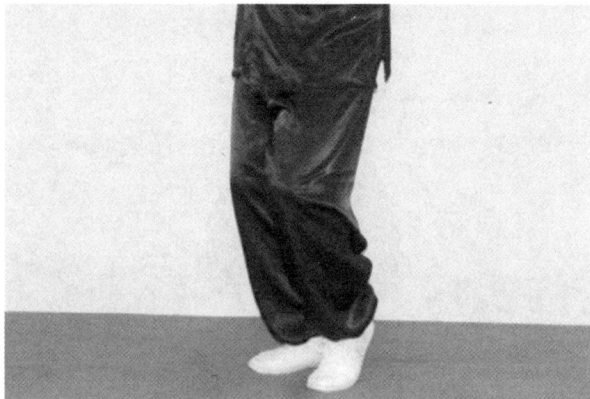

图3-9

五、歇步

两腿交叉靠拢下蹲，左脚全脚掌着地，脚尖外展，右脚脚前掌着地，膝部靠于左小腿外侧，臀部接于右脚跟处（图3-10）。

图3-10

六、踮步

脚跟提起，用脚尖行走，保持一个脚掌着地，另一脚跟提起（图 3-11）。

图 3-11

第三章　起　势

一、动作过程

（一）预备式

预备势：身体保持正直，两脚平行站立，两手臂放松自然下垂，身心放松，舌抵上颚，含胸拔背，意守丹田，两眼平视，体态安详（图 3 - 12）。

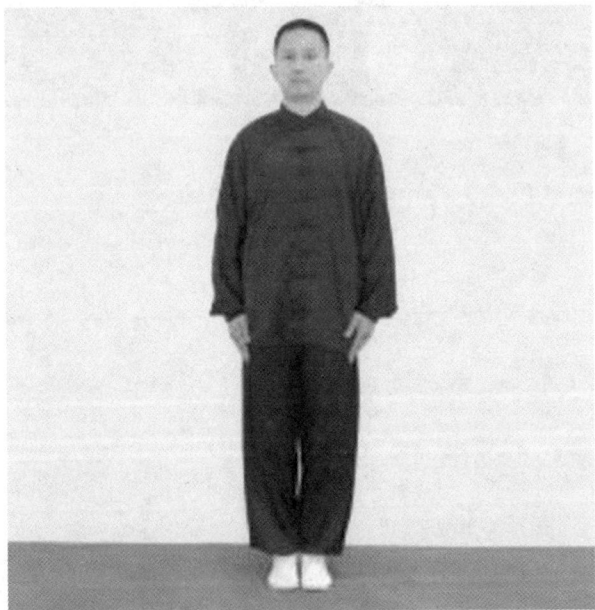

图 3 - 12

（二）起势

上体不动，两脚跟外展（图3-13），随即两脚尖外展（图3-14），脚跟再次外展，然后脚尖提起，调整到两脚平行，距离约为脚心与肩的外侧在一直线上（图3-15）。

图3-13

图3-14

图 3-15

二、动作要点

1. 控制重心

脚跟、脚尖外展，提起时要控制好重心，可在开步前，两膝先微屈，身体不可摇晃。

2. 起势位置

起势后的位置约为脚心与肩的外侧在一直线上。

三、易犯错误和纠正方法

脚跟、脚尖外展、提起时，两膝过分挺直，身体摇晃

纠正方法：两膝先微屈，脚跟外展时，身体重心先落于脚前掌，脚尖外展时，身体重心落于后脚掌，维持重心平衡。

四、教学方法

1. 讲解法

2. 示范法

3. 预防和纠正错误法

五、重难点

重点：脚的外展。

难点：脚外展时重心的控制。

第四章 虎 戏

第一节 坐洞运爪

虎性凶猛视眈眈，善于用爪扑山涧。

鼓荡尾臀筋骨壮，柔中生刚腰肾安。

一、动作过程

1. 两脚开立，两手臂前举，掌心向上（图 3 - 16）。

2. 两手臂至胸前变虎爪，划弧转掌心向内，目视前方（图 3 - 17）。

3. 两手翻掌下按至腹前，掌心向下，掌指相对，同时屈膝下蹲（图 3 - 18）。

4. 左手虎爪经胸前翻掌向左上方划弧，掌心向左，与眼眉同高；右手向外划弧摆至腹前，掌心向左，身体随手左转90度，目视左手，保持屈膝（图 3 - 19）。

5. 两手在身体左侧上下交替继续划弧，左手向左下划弧，右手向左上划弧，身体重心随之右转180度；右手至体前眼眉处继续向右划弧至身体右侧，掌心向右；左掌划弧至腹前，掌心向右，保持屈膝（图 3 - 20）。

6. 重复1～5的动作三次后，向左转体45度，右手翻掌向下，左手从左腹前上摆至胸前（图 3 - 21）。

7. 保持屈膝，两手向下划弧至体侧，目视前方（图 3 - 22）。

8. 伸膝直立，两手臂自然下垂于身体两侧（图 3 - 23）。

图 3 - 16

图 3 - 17

图 3 - 18

图 3 - 19

图 3 - 20

图 3 - 21

图 3 - 22

图 3 - 23

二、动作要点

1. 上下肢动作要协调一致。

2. 动作要连贯，速率要均匀，节奏要合理。

3. 要做到起吸落呼，慢吸慢呼。

4. 沉肩坠肘，松腰坐胯，含胸拔背，虚领顶劲。

5. 动作以腰为轴，躯干带动四肢。

6. 眼随手走。

7. 意念要模仿虎的刚劲威猛。

三、易犯错误和纠正方法

1. 注意力不集中

纠正方法：教师语言暗示或自我心理提示，集中心绪。

2. 上肢、下肢、躯干、眼神动作不连贯、脱节

纠正方法：放慢速度，调整节奏，多次练习。

3. 手臂划弧路线不规则

纠正方法：上至眼眉，下至腹前；先练单手，熟练后再练习双手。

四、教学方法

1. 讲解法
2. 示范法
3. 预防和纠正错误法
4. 完整法和分解法
5. 情境教学法

五、重难点

重点：手臂运行路线。

难点：手臂与腿、重心的协调配合。

第二节　虎卧山洞

一、动作过程

1. 两脚开立，两臂摆至侧举（图3-24）；以身体中线为轴，向左后转体90度，同时左手向上划弧，经胸前向下划弧一周半，右手臂向下划弧经胸前向上划弧一周半，两手臂胸前交叉，右臂在外，眼睛平视（图3-25）。

2. 继续向左转体90度，屈膝下蹲成左歇步；左手继续划弧摆至侧举，手变虎爪稍高于头，掌心向外；右手继续划弧摆至右侧举，屈肘，手变虎爪停于右耳旁；向左转头，目视左手（图3-26）。

3. 重复1～2的动作，方向相反。

图3-24

图 3 - 25

图 3 - 26

4. 调息式：伸膝直立，向左转体 180 度，两手臂自然下垂，手掌还原（图 3-27）；两手经侧摆至上举（图 3-28），然后沿体前缓慢下按至腹前停于体侧，两臂放松自然下垂，目视前方（图 3-29）。

图 3-27

图 3-28

图 3 - 29

二、动作要点

1. 转体时要控制好重心。

2. 动作连贯，上下协调。

3. 动作 1 吸气，动作 2 呼气。

4. 手臂划弧同时配合手掌的内旋和外旋。

5. 意念要模仿虎的刚劲威猛。

三、易犯错误和纠正方法

1. 转体不充分

纠正方法：控制好转体的力度和角度，由简单到复杂，逐渐提高动作要求。

2. 歇步不到位

纠正方法：明确两脚的位置，增强柔韧性练习。

3. 手臂与手掌配合不好

纠正方法：掌握好转掌的时机，多次练习。

四、教学方法

1. 讲解法

2. 示范法

3. 预防和纠正错误法

4. 完整法和分解法

5. 情境教学法

五、重难点

重点：歇步动作。

难点：歇步时动作要稳定，手臂动作要到位。

第五章 鹿 戏

鹿属纯阳身捷轻，善运尾闾角触攻。

跷首躬身筋络舒，壮腰固肾精髓生。

第一节 梅鹿伸腰

一、动作过程

1. 左腿屈膝缓慢上提；两手变鹿角，沿体侧上提至腰侧，掌心向上，目视前方（图 3 - 30）。

2. 左脚向正前方蹬出，脚尖向上，力达脚跟；两手继续上提至正上方，指尖向上，掌心向前，目视前方（图 3 - 31）。

3. 左脚外摆落于原处；同时，两手经侧下落（图 3 - 32）。

4. 重复 1～3 的动作，方向相反。

图 3 - 30

图 3 - 31

图 3 - 32

二、动作要点

1. 动作要连贯，上下协调。

2. 速率要均匀。

3. 起吸气，落呼气。

4. 蹬脚时重心要稳。

5. 意念要模仿鹿的轻灵安舒。

三、易犯错误和纠正方法

1. 脚和手的动作不一致

纠正方法：放慢速度，多次练习。

2. 蹬脚时脚尖没勾紧

纠正方法：勾脚尖，脚跟外蹬。

四、教学方法

1. 讲解法

2. 示范法

3. 预防和纠正错误法

4. 情境教学法

五、重难点

重点：伸臂抬腿动作。

难点：腿抬得过低。

第二节　转颈运闾

一、动作过程

1. 左脚向右前方迈进一步，身体右转90度，右脚以脚跟为轴，脚尖外展，两脚平行开立；两手臂摆至左臂侧举，右臂胸前平屈，手变鹿角，掌心相对，指尖向左，目视左手（图3-33）。

2. 两腿屈膝半蹲成马步，同时两手臂下沉坐腕（图3-34）。

3. 两手臂同时沿顺时针方向划圆，连续三圈，眼随手走，身体重心随之划圆（图3-35）。

4. 重复1~3的动作，方向相反，向右划圆三圈。

5. 身体右转90度，左脚上步至与右脚平行，距离与肩同宽；两手臂自然下落，目视前方（图3-36）。

6. 调息式：两掌经侧摆至上举，至头顶翻掌下按，掌心向下（图3-37）；按至腹前，两臂收至体侧自然下垂，目视前方（图3-38）。

图 3 - 33

图 3 - 34

图 3 - 35

图 3 - 36

图 3 - 37

图 3 - 38

二、动作要点

1. 马步时松腰坐胯，沉肩坠肘。

2. 划圆时上至眼眉高度，下至腹前。

3. 划圆时起吸气、落呼气。

4. 眼随手走，运动颈椎。

5. 意念要模仿鹿的轻灵安舒。

三、易犯错误和纠正方法

1. 马步不稳，不到位

纠正方法：躯干、大腿、小腿成 90 度角，尾闾中正，膝不过脚尖。

2. 躯干、腿、臂、眼配合不好

纠正方法：先练下肢动作移动中心，后结合上肢动作，再加上眼神，难度逐渐增加。

四、教学方法

1. 讲解法

2. 示范法

3. 预防和纠正错误法

4. 递进教学法

5. 情境教学法

五、重难点

重点：手臂划弧动作。

难点：手臂划圆弧，并与腿、重心、眼神协调配合。

第六章　熊　戏

熊体拙笨内心灵，推拔扛靠力无穷。

撼运肌腱经络舒，调理脏腑百脉通。

第一节　黑熊探爪

一、动作过程

1. 重心右移，向右转体，左脚并至右脚旁（图 3-39）。

2. 向左转体，左脚向左前方落步，右脚跟进半步，双手成熊掌向左前方伸出，掌心向下，左手在前，右手在后，相距约 25 厘米（图 3-40）。

3. 两手沿逆时针方向划圆三周，重心随之划圆三周，目视左前下方（图 3-41）。

4. 重复 1～3 的动作，方向相反。

5. 右脚收回还原成两脚开立，两臂自然下垂（图 3-42）。

图 3－39

图 3－40

图 3 - 41

图 3 - 42

二、动作要点

1. 划圆时上下要协调配合，动作连贯。

2. 划圆时，圆的直径约 25 厘米。

3. 重心划圆的同时，膝关节也同样划圆。

4. 划圆时以身体的转动带动四肢。

5. 手臂前伸吸气，后拉呼气，也可自然吸气。

6. 意念要模仿熊的沉稳有力。

三、易犯错误和纠正方法

1. 划圆时膝关节基本不动

纠正方法：先练习膝关节划圆，后加上身体重心，再加上肢动作。

2. 划圆时路线不圆

纠正方法：先单独做手臂动作，多次练习后再做完整动作。

四、教学方法

1. 讲解法

2. 示范法

3. 预防和纠正错误法

4. 递进教学法

5. 情境教学法

五、重难点

重点：手臂划弧动作。

难点：手臂与腿、眼神的配合要协调。

第二节　笨熊晃体

一、动作过程

1. 左脚向左前方落步，重心前移，成左弓步（图3-43）。

图3-43

2. 重心前移至左脚，左腿屈膝前弓，右腿在休后伸直；左肩向下、向前划圆，右肩做反方向向上、向后划圆；两手臂自然弯曲，左臂划弧前下摆，右臂划弧后上摆，目视左前下方（图3-44）。

3. 重心移至右脚，右腿屈膝后坐；左腿随重心后移慢慢伸直，脚尖向上；左肩向上、向后划圆，带动左手划弧提起，掌心向内，右肩做反方向向下、向前划圆，带动右手臂划弧提起，掌心向内，目视左前上方（图3-45）。

4. 重复1~3的动作三遍后，左脚收回，与右脚平行成两脚开立，与肩同宽，两臂自然下垂（图3-46）。

图 3 - 44

图 3 - 45

图 3 - 46

5. 重复 1～3 的动作，方向相反。

6. 调息式：右脚收回，与左脚平行成两脚开立，两掌经侧摆至上举，至头顶翻掌下按，掌心向下（图 3 - 47）；按至腹前，两臂收至体侧自然下垂，目视前方（图 3 - 48）。

图 3 - 47

图 3-48

二、动作要点

1. 晃体时要以肩带臂，重心前后移动幅度大。

2. 晃体时，起吸气，落呼气。

3. 用力要协调、连贯。

4. 意念要模仿熊的沉稳有力。

三、易犯错误和纠正方法

1. 晃体时，手臂主动用力，以臂带肩

纠正方法：肩部主动用力，手臂放松。

2. 重心移动不明显，前后幅度小

纠正方法：加大重心前后移动的幅度。

四、教学方法

1. 讲解法

2. 示范法

3. 预防和纠正错误法

4. 情境教学法

五、重难点

重点：重心前后移动中的手臂动作。

难点：重心移动幅度要大，与腿、手臂协调配合。

第七章　猿　戏

猿性喜动机智灵，攀藤窜跳脑聪颖。

攻防善变增智力，醒脑益髓心神宁。

第一节　白猿欢跳

一、动作过程

1. 右脚用力蹬地跳起，左脚向左侧横跳一步，着地后左腿屈膝半蹲，右腿屈膝上提；左手前抓后立即收回变猿勾于左耳旁，左肘下沉；右手随后前抓后置于右胯前，肘关节向下，提肩松胯，目视右上方（图 3 - 49）。

图 3 - 49

2. 重复 1 的动作一遍，方向相反（图 3-50）。

图 3-50

二、动作要点

1. 前抓动作要迅速。

2. 前抓后要含胸收腹，尾闾向下。

3. 起跳过程吸气，下落过程呼气，快吸慢呼。

4. 意念要模仿猿的灵活敏捷。

三、易犯错误和纠正方法

1. 动作不连贯，上下肢动作不协调

纠正方法：放慢速度，分解练习。

2. 前抓后容易做成含胸屈背

纠正方法：保持躯干正直稍前倾，尾闾向下。

四、教学方法

1. 讲解法

2. 示范法

3. 预防和纠正错误法

4. 情境教学法

5. 完整法与分解法

五、重难点

重点：抓跳动作。

难点：抓跳要迅速、连贯。

第二节　白猿转身

一、动作过程

1. 右脚下落，向右转身，两手猿勾收至胸前，右脚向右后方迈步，沿顺时针方向脚前掌左右交替沿圆形跳动走六步，两肩上提，自然呼吸（图3－51～图3－56）。

2. 接上式，左顾（图3－57）右盼（图3－58）

3. 左手前抓后变猿勾收回至左胸前（图3－59）。

4. 右手向左侧前抓后变勾手于右胸前，同时，左脚向右侧盖步跳起，右脚随后右跳一步（图3－60）。

5. 两脚着地后稍屈膝，提肩，眼看右侧（图3－61），向右转头，目光经前再环视至左侧（图3－62）。

6. 调息：右脚收回成两脚开立，与肩同宽，两手臂下落至体侧（图3－63）；两臂经侧摆至上举，掌心向上，至头上，两掌内合下按，掌心向下（图3－64），至体侧还原至自然下垂，目视前方（图3－65）。

图 3-51

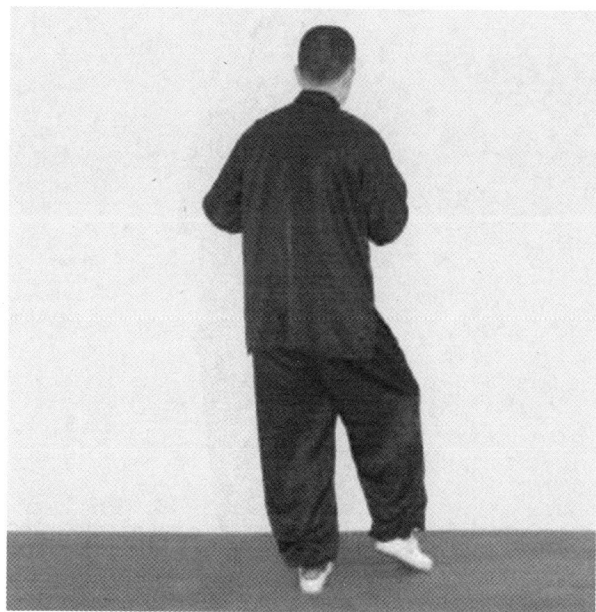

图 3-52

图 3 - 53

图 3 - 54

图 3 - 55

图 3 - 56

图 3－57

图 3－58

图 3 - 59

图 3 - 60

图 3 - 61

图 3 - 62

图 3 - 63

图 3 - 64

191

图 3-65

二、动作要点

1. 前抓动作要迅速。

2. 用前脚掌跳动走一圈时，路径要圆，圆的直径不宜过大。

3. 向右盖步横跳时，不宜跳得太远，控制好重心。

4. 盖步起跳时吸气，落地时呼气。

5. 意念要模仿猿的灵活敏捷。

三、易犯错误和纠正方法

1. 跳动走一圈时，没有跳动

纠正方法：用脚前掌跳动前行。

2. 上下动作不连贯、脱节

纠正方法：分解练习，熟练后再练习完整动作。

四、教学方法

1. 讲解法

2. 示范法

3. 预防和纠正错误法

4. 情境教学法

5. 完整法与分解法

五、重难点

重点：转身行走的路线。

难点：行走路线成圆弧、重心要稳。

第八章　鸟　戏

鹤立如松寿龄长，扶摇青云任翱翔。

舒肝固肾理脾胃，通经活络气血畅。

第一节　飞鹤展翅

一、动作过程

1. 左脚向左前一步成弓步，右脚跟提起；同时，手变鸟翅，两手臂前伸，眼睛看手（图 3 - 66）。

图 3 - 66

2. 重心后移，右腿屈膝，左脚脚尖提起；两手臂摆至侧举，掌心向前，目视左前方（图 3 - 67）。

图 3 - 67

3. 重心前移至左脚，左腿屈膝前弓，右脚后跟提起，脚尖点地；两手臂经侧划弧至体前，掌心相对（图 3 - 68）。

图 3 - 68

4. 重复 1～3 的动作三遍。

5. 重复 1～3 的动作三遍，方向相反。

6. 重心后移至左脚，右脚收回至左脚旁成两脚开立，距离与肩同宽，两手臂收回至体侧自然下垂（图 3-69）。

图 3-69

二、动作要点

1. 动作要放松、舒展、大方，速率均匀。

2. 重心前后移动幅度尽量大。

3. 手臂展开时吸气，收回时呼气，简称"开吸合呼"。

4. 身体重心保持正直稍前倾，尾闾中正。

5. 意念要模仿鸟的舒展飘逸。

三、易犯错误和纠正方法

动作僵硬、不舒展

纠正方法：先单做上肢动作，再做下肢动作，熟练到基本放松后再做完整动作。

四、教学方法

1. 讲解法

2. 示范法

3. 预防和纠正错误法

4. 情境教学法

5. 完整法与分解法

五、重难点

重点：手臂动作。

难点：手臂、手腕、手指动作僵硬，不放松。

第二节　群鹤净身

一、动作过程

1. 左脚向左前方落步，脚后跟先着地，重心前移，左腿屈膝，上体稍前倾，右脚跟提起；同时，手变鸟翅，左臂向下划弧至左前下方，掌心向下，右手臂收至腰侧，目视左前下方（图 3 - 70）。

2. 重心后移至右脚，右腿屈膝，重心后坐，左腿随重心后移伸直，左脚尖提起；同时，左臂向上、向后划弧至腰侧，右臂向下、向前划弧至左前上方，掌心向下（图 3 - 71）。

3. 重复 1～2 的动作三次。

4. 重心后移，左脚收回至右脚旁，成两脚开立，与肩同宽，两手臂收至体侧自然下垂（图 3 - 72）。

图 3－70

图 3－71

图 3-72

5. 重复 1~2 的动作，方向相反。

6. 重复 3 的动作三次，方向相反。

7. 重复 4 的动作，方向相反。

二、动作要点

1. 手臂划弧路线成圆形。

2. 重心前后移动幅度尽量大，重心要稳。

3. 起吸气，落呼气。

4. 两手掌路线相同，位置相对。

5. 动作要放松，速率要均匀。

6. 意念要模仿鸟的舒展飘逸。

三、易犯错误和纠正方法

1. 手臂划弧路线不圆

纠正方法：先单独做一个手臂练习，再做另 手臂练习，都熟练后两臂同时练习。

2. 动作僵硬，上下肢动作不协调、不连贯

纠正方法：先做简单动作，同时注意放松、舒展，熟练后增加难度。

四、教学方法

1. 讲解法

2. 示范法

3. 预防和纠正错误法

4. 完整法与分解法

5. 递进教学法

6. 情境教学法

五、重难点

重点：手臂动作。

难点：手臂路线呈圆形。

第三节　白鹤飞翔

一、动作过程

1. 重心右移，左腿屈膝上提；手变鸟翅，两手臂经侧上提，稍高于肩，手高不过头；目视前方（图3-73）。

2. 右腿慢慢屈膝，身体重心下降，两手臂经侧缓缓下落至腰侧（图3-74）。

3. 重复1～2的动作三次。

4. 重心移至左脚，两手臂放松，自然下垂（图3-75）。

5. 重复1～2的动作三次，方向相反。

图 3 - 73

图 3 - 74

图 3 - 75

6.右脚下落，收回至左脚旁，成两脚开立，脚尖向前，距离与肩同宽；两手臂下落至体侧，目视前方（图 3 - 76）。

图 3 - 76

二、动作要点

1. 动作要放松，速率要均匀。
2. 重心起落幅度尽量大，重心要稳。
3. 起吸气，落呼气。
4. 意念要模仿鸟的舒展飘逸。

三、易犯错误和纠正方法

动作僵硬，不放松

纠正方法：先练习一只手臂动作，熟练后再增加另一只手臂。

四、教学方法

1. 讲解法
2. 示范法
3. 预防和纠正错误法
4. 完整法与分解法
5. 递进教学法
6. 情境教学法

五、重难点

重点：手臂动作。

难点：手臂、手腕、手指动作僵硬、不放松。

第九章 收 势

一、动作过程

(一) 调息

1. 两脚开立与肩同宽，手掌自然张开，两手臂经侧划弧至正上方，目视前方（图 3-77）。

图 3-77

2. 两臂屈肘，两掌内合下按，掌心向下，经腹前划弧收回（图 3-78）。

图 3-78

3. 重复 1～2 三次。

（二）搓手

两手胸前合掌搓手至掌心发热（图 3-79）。

图 3-79

（三）浴面

以掌心温度按摩面部，上下按摩 6～9 遍（图 3-80）。

图 3-80

（四）干梳头

干梳头 6 次（图 3-81）。

（五）捶腰

两手变空拳，捶打腰后部 6～9 次（图 3-82）。

（六）击腹

两手变虎爪，掌心向内，用指尖叩击小腹 6～9 次（图 3-83）。

（七）静养

左脚向右脚靠拢；同时，两手臂向前拢气，两手交叉叠于腹前，闭目静养（图 3-84）。

图 3 - 81

图 3 - 82

图 3-83

图 3-84

（八）收功

两手臂放松自然下垂，眼睛慢慢睁开（图 3 - 85）。

图 3 - 85

二、动作要点

1. 动作要放松，速率要均匀。

2. 调息时起吸气，落呼气。

3. 搓手的速度，冬天可以稍快一些。

三、易犯错误和纠正方法

动作不连贯

纠正方法：多次练习。

四、教学方法

1. 讲解法
2. 示范法
3. 预防和纠正错误法

参 考 文 献

[1] 北京体育大学学报编辑部. 第 59 届美国运动医学会年会暨第 3 届 "运动是良医"世界大会专栏导读 [J]. 北京体育大学学报, 2012, 35 (8): 36.

[2] 刘青, 赵元吉, 刘智丽, 等. 服务健康中国建设: 高等体育院校术科院(系)的发展路径 [J]. 成都体育学院学报, 2017, 34 (1): 1-3.

[3] 梁思雨, 杨光, 赵洪波. 体医融合视域下青少年身体姿态健康促进研究 [J]. 沈阳体育学院学报, 2021, 40 (4), 8-14.

[4] 张庆武. 华佗五禽戏传承研究 [J]. 体育文化导刊, 2015, 4 (4): 190-193.

[5] 代志星, 刘海莲. 地方性知识视域下华佗五禽戏的养生理念溯源 [J]. 北京体育大学学报, 2017, 40 (2), 137-144.

[6] 朱桂祯. 华佗养生思想及养生方法研究 [D]. 长春: 长春中医药大学, 2009.

[7] 范铜钢, 虞定海. 健身气功四套功法技术衍变研究 [J]. 中华中医药杂志, 2019, 34 (2): 729-733.

[8] 周波, 魏毅. 中老年人健身运动前后安静心电图的分析研究 [J]. 南京体育学院学报(自然科学版), 2006, 5 (2): 63-65.

[9] 张庆武, 尹维增. 五禽戏对大学生心血管系统机能影响的研究 [J]. 齐齐哈尔医学院学报, 2011, 32 (3): 451-452.

[10] 李静伟, 潘定权, 何康宏, 等. 五禽戏防治原发性骨质疏松症的研究探讨 [J]. 中国骨质疏松杂志, 2014, 20 (7): 849-853.

[11] 郑秀琴，胡军．传统功法在慢性心功能不全早期心脏康复中的运用 [J]．上海中医药大学学报，2018，32（5）：92-96．

[12] 孙红梅．五禽戏干预中年男性代谢综合征的效果及生物学机制探讨 [J]．中国体育科技，2015，51（4）：86-90．

[13] 虞定海，陈文鹤，张素珍，等．五禽戏新功法的编创及实验效果 [J]．上海体育学院学报，2003，27（2）：55-58．

[14] 李静伟，潘定权，何康宏，等．五禽戏防治原发性骨质疏松症的研究探讨 [J]．中国骨质疏松杂志，2014，20（7），849-853．

[15] 王会儒，姚忆．"传统养生体育＋医疗＋养老"的老年健康干预模式构建 [J]．中国体育科技，2017，53（3）：8-13．

[16] 孙红梅，钟亚平．五禽戏对中年男性代谢综合征患者肠道菌群及其代谢产物的干预研究 [J]．成都体育学院学报，2019，45（3），81-87．

[17] 谷磊，刘毅．健身功法新编五禽戏对老年女性骨密度的影响 [J]．中国老年学杂志，2021，41（1），79-82．

[18] 李红娟，王正珍，隋雪梅，等．运动是良医：最好的循证实践 [J]．北京体育大学学报，2013，36（6）：43-48．

[19] 陈毓雯，管慧芸．五禽戏之鸟戏对肺癌病人中医症状、运动耐量及生活质量的影响 [J]．护理研究，2019，33（23），4029-4032．

[20] 马林．健身气功·五禽戏"三调合一"模式路径探究 [J]．搏击（武术科学），2015，12（6），95-96．

[21] 程香、王冬梅，陈欣，等．健身气功·五禽戏改善轻度抑郁大学生前额叶和海马氢质子磁共振波谱 [J]．南方医科大学学报，2016，36（11），1468-1476．

[22] 张美珍，黄涛．运动是良医还是什么？——"生命过程中的体力活动与健康"国际研讨会综述 [J]．体育学刊，2017，24（3）：140-144．

[23] 赵富学，陈慧芳．体育教师课程思政建设能力的生成特征、核心构成与培育路径研究 [J]．沈阳体育学院学报，2020，（6）：27-34．

[24] 陈宝生．落实 落实 再落实——在2019年全国教育工作会议上的讲话 [J]．中国民族教育，2019，（3）：3-12．

[25] 杨建华.道家健康养生文化以及对休闲体育的现实意义 [J].体育与科学,2010,31 (1):64-66.

[26] 周金钟.华佗五禽戏 [M].北京:人民体育出版社,2013.

[27] 蒋宏杰.华佗"治未病"思想浅析 [J].安徽中医临床杂志,2002,14 (3):207.

[28] 李红娟,王正珍,隋雪梅,等.运动是良医:最好的循证实践 [J].北京体育大学学报,2013,36 (6):43-48.

[29] 高雅.新编、旧版五禽戏对人体运动能力的影响研究 [D].兰州:西北师范大学,2021.

[30] 李丽,刘争强,章文春.从五禽戏的历史演化探析气功的发展规律 [J].江西中医药大学学报,2023 (4):9-12.

[31] 陈俊华.中华优秀传统文化对艺术教育的促进作用与融合机制研究——以武术为例 [J].武术研究,2024,9 (2):12-14.

[32] 韩梦姣.传统导引养生功法习练与老年人生存质量关系的实证研究 [J].武术研究,2023,8 (9):98-102.

[33] 庞兵武,李会帅."静"与"动"的争衡与融合:中西方体育养生文化研究 [J].武术研究,2024,9 (11):112-115.

[34] 李俊浩.高校五禽戏教学中存在的问题及对策研究 [J].武术研究,2019,4 (1):95-97.

[35] 张鹏程.基于翻转课堂的高校五禽戏教学模式构建与应用研究 [J].中国多媒体与网络教学学报 (上旬刊),2024,(3):43-46.

[36] 张振付.传统华佗五禽戏校本课程开发和实践研究 [D].阜阳:阜阳师范大学,2023.

[37] 蔡琳坡.大学生习练健身气功·五禽戏过程中能量代谢的实验研究 [D].上海:上海体育学院,2016.

[38] 王帝之,李省天,李鑫铭,等.健康中国战略下运动处方的临床实践 [J].体育科学,2023,43 (11):89-97.

[39] 孟几翠.探寻"五禽戏"与舞蹈之联系 [J].贵州大学学报,2011,25 (4):107-110.

参考文献

［40］司红玉，虞定海 . 五禽戏的生命美学［J］. 体育学刊，2006，13
（2）：86 - 88.

［41］褚曙，韩丽 . 非物质文化遗产亳州五禽戏中的舞蹈美研究——
以"虎戏"为例［J］. 吉林艺术学院学报，2022，（5）：22 - 27.

［42］孙红梅 . 五禽戏干预中年男性代谢综合征的效果及生物学机制探
讨［J］. 中国体育科技，2015；51（4）：86 - 92.

［43］孙红梅，钟亚平 . 五禽戏对中年男性代谢综合征患者肠道菌群及
其代谢产物的干预研究［J］. 成都体育学院学报，2019，45（3）：81 - 87.

［44］刘时荣 . 古本新探华佗五禽戏［M］. 北京：人民体育出版
社，2003.

［45］李振旗，邱爱洋，陈芳丽，等 . "体医融合"中的五禽戏：传统养
生追求与当代健康供给［J］. 吉林体育学院学报，2019，35（3）：103 - 108.